소통 수업

내 마음을 더 정확하고 건강하게 표현하는 힘

소통 수업

김수인 지음

수오서재

소통 수업을 준비하며

한번은 어머니가 내게 "나는 네가 힘들다고 말하는 걸 본 적이 없어"라고 하셨다. 자기 앞가림을 잘한다는 칭찬의 의미로 하신 말씀이었지만 나는 그 말씀을 듣고 마음이 심란했다. 그동안 힘든 날, 고통스러운 날, 위로가 필요한 날이 적지 않았는데 왜 나는 가장 가까운 가족에게조차 표현하지 못했을까. 어머니의 말씀을 듣고 문득 나를 돌아보았다. 내가 그렇게 된 이유는 대충 이러했다.

무엇보다 힘들다는 표현을 한다고 달라질 게 없다고 생각했다. 결국은 내가 감당해야 할 몫이었고, 내가 힘들다고 표현해서 수변 분위기가 무거워지는 것이 싫었다. 그런데 묵묵히 혼자 힘듦의 무게를 감당하며 살아온 결과, 사람들에게 "넌 일은 틀림없는데 참 재미가 없어. 너무 건조해"라는 말을 들었고, 가족은 내게 "너, 참 독하다"라고 했다. 억울했고 모든 것이 싫었다.

하지만 얼마 지나지 않아 나는 내 관계 맺기에 문제가 있다는 것을 인정했다. 따뜻한 사람이고자 했던 나를 차갑고 건조하게 평가하는 사람들이 내심 서운했지만 곰곰이 따져보니, 내가 의도한 것과 상대에게 표현한 것이 다를 수 있겠다는 생각이 들었다. 그리고 그들의 말은 틀리지 않았다. 내 소통에는 조금 문제가 있었다.

공부를 시작했다. 심리상담, 코칭훈련, 비폭력 대화를 전문적으로 공부하는 과정에서 나에 대해 묻기 시작했고, 관계와 소통에 대해 파고들었다. 나는 어릴 적부터 사람에게 아주 관심이 많았다. 덕분에 서비스와 교육 현장에서 20년을 머물렀고 동시에 다양한 경험을 축적했다. 특히 외국계 기업과 한국 대기업에서 겪은 실패와 성공의 경험은 소통 공부의 탄탄한 밑천이 되어주었다. 이 책은 내가 그동안 축적해온 소통의 핵심 이론과 훈련 그리고 적용을 위한 실전으로 이뤄져 있다. 다시 말해 그동안 내가 배우고 터득한 모든 것을 진솔하게 풀어냈다. 이론만 있으면 '대체 어떻게 하라는 거야?' 하는 의문이 들고 실천에 한계가 뒤따르기에 이론적 접근에 경험을 더해 실질적으로 도움을 받을 수 있도록 구성했다. 앎을 너머 진정한 변화에까지 당신이 이를 수 있도록 안내하고자 한다. 공부의 최대 수혜자는 물론 나였다. 소통에 한없이 서툴렀던 나는 스스로 보기에 만족스러운 삶으로 조금씩 나아갔다.

처음 책을 쓰라는 말을 들었을 때 나는 설렘보다 내게 그럴 자격이 있는지 의구심이 먼저 들었다.

'내가 책을 쓸 자격이 있을까?'

한참 동안 물음의 답을 찾지 못했고, 책의 첫 문장을 적기까지 꽤 오랜 시간이 걸렸다. 결국 내가 책을 쓸 수 있었던 이유는 우리는 모두 처음인 인생에서 시행착오를 겪으며 살아간다는 사실 때문이었다. 돌이켜보면 나도 '누군가 조금만 안내를 해주었다면' 하는 순간이 많았다. 내 마음과 생각이 어떠한지 살펴볼 줄 몰랐고, 결국 의도치 않게 상처를 주고받기도 했다. 이 책이 누군가에게 작은 도움이 된다면, 그의 관계가 좀 더 원만해지고, 그의 삶이 조금 편안해진다면 하는 소박하지만 간절한 바람과 사람을 향한 나의 진심을 바탕으로 이 책을 썼다. "좀 더 빨리 알았다면 좋았을 텐데" 하는 탄성과 "살면서 꼭 한 번은 들어야 하는 수업이니, 계속해달라"는 강의 참석자들이 건넨 부탁의 피드백도 한몫했다.

우리는 대체로 자신을 표현하는 방법과 상대와 관계 맺는 방법을 배우지 못한 채 사회에 첫발을 들여놓는다. 그렇게 '어쩌다 어른'이 되어간다. 그저 내가 좋으면 상대도 그러하겠거니, 관계를 위해서는 참는 것이 미덕이겠거니 하며 그야말로 우왕좌왕 각자의 방식으로 소통하다가 많은 난관에 부딪힌다. 그러나 우리는 어쩌다 그리됐을지 몰라도, '어른'이다. 삶의 기본이자 핵심 기술인 소통에 대해 알아야 한다. 현실의 우리는 관계 속에서 생을 이어나가야 하며, 밥벌이를 해야 하기 때문이다. 그러니 반드시 소통을 잘할 필요가 있다. 게다가 소통은 단순한 말하기와는 달라서 안내를 받아야 하며, 동시에 반복적인 훈련이 필요하다.

내면을 이해하고 재해석하는 것은 물론 외면의 건강한 표현과 조율은 소통의 본질적인 힘을 길러주고 우리로 하여금 건강한 관계를 맺게 해준다. 이렇게 말하면 언뜻 거창해 보이지만 이 책은 당신이 몰랐던 이야기를 하는 것이 아니다. 이미 우리가 알고 있는 것을 확인하고 수정하도록 돕는 안내서에 가깝다. 그리고 무엇보다 이 책은 변화의 시작을 가능하게 해줄 것이다. 내가 그러했듯 당신도 예전과 다른 '나'를 만날 것이다. 변화를 직접 경험한 사람들을 오랫동안 보아왔기에 자신 있게 말할 수 있다. 당신도 해낼 수 있다고 말이다. 분명하게 말할 수 있는 또 하나는 변화를 경험하는 사람과 정체된 사람 사이에는 명확한 차이가 있다는 것이다. 변화를 경험하는 사람은 어떤 것이든 새롭게 받아들이고, 걱정하기보다 변화에 대해 기대감을 갖는다. 반면 정체된 사람은 자신이 다 안다고 생각하면서 변화를 의심하거나 두려워한다. 그러므로 열린 마음으로 이 책의 첫 페이지를 열길 바란다. 변화가 당신을 찾아올 수 있도록 말이다.

소통은 마라톤과 같다. 도중에 그만두지만 않으면 실패가 아니다. 그러니 쉽게 나오지 않는 성과에 지치지 말고 알던 것을 행동으로 옮기며 새로운 변화를 일으킨 자신에게 끊임없이 햇살 같은 기운을 주었으면 한다.

마지막으로 이 책은 한 번에 읽는 것도 좋지만 장별로 조금씩 읽으면서 생각을 가다듬고, 실천을 반복하며 여유롭게 읽기를 권한다. 또한 중간중간 나오는 '잠시 멈추고 질문하기'를 직접 해보며 워크북처럼 활용하기를 추천한다. 모든 독자가 소통의 기쁨을 맛보고 견디는 삶이 아닌 즐기는 삶을 살아가기 바란다.

따뜻한 햇살의 기운을 담아,

김수인

차례

4장

소통의 기초체력이 되는 자존감 훈련하기

5장

소통의 밑바탕이 되는 감정과 욕구 이해하기

6장

갈등 상황 소통법은 다르다

왜 우리는 소통이 어려울까

1장

소통을 원한다면,

우리가 갖춰야 할 것은 '언어 능력'이 아니라

'관계 맺기 능력'이다.

언어 능력과 소통 능력은 다르기에

강의를 하다 보면 많은 사람이 이런 어려움을 호소한다.

"소통하는 건 정말 어려워요. 도대체 인간관계를 어떻게 맺어야 하나요?"

심지어 열심히 노력해 원하던 직장에 들어갔는데 정작 인간관계 때문에 퇴사하고 싶어 하는 사람도 있다. 안타깝게도 직장인 10명 중 8명은 일보다 사람이 싫어 회사를 떠난다는 통계가 있을 정도다.

"열심히만 하면 되는 줄 알았는데 그러다 제 자신이 없어진 것 같아요."

"그저 참으면 되는 줄 알았는데 그러다 표현하는 법을 잊었어요."

나름 최선을 다했는데 왜 상황은 마음처럼 흘러가지 않을까?

진심을 다했는데 왜 상처가 될까?

대체 소통은 뭘까?

소통의 본질은 관계 맺기에 있다

소통은 말하기 이상의 '관계 맺기'다. 소통을 잘하는 사람을 보면 대체로 말을 잘하기보다 관계를 잘 맺는다. 언어 능력과 소통 능력은 조금 다르기 때문이다. 언어 능력은 말 그대로 '언어를 구사하는 능력'인 반면 소통 능력은 '언어로 표현하고 전달해 궁극적으로 관계를 맺는 능력'에 가깝다. 물론 언어 능력이 뛰어난 사람에게 훌륭한 소통 능력까지 있으면 더할 나위 없이 좋겠지만, 언어 능력이 좋다고 소통 능력도 함께 좋은 것은 아니다. 오히려 소통 능력은 없는데 언어 능력만 갖추면 최악의 상황이 벌어지기도 한다. 말만 번지르르할 뿐, 주변엔 온통 그의 말로 상처 입은 사람들이 가득할지 모른다.

흥미롭게도 사람들은 소통 능력을 원하면서 말을 더 조리 있게, 더 정확하게, 더 유창하게 구사하고 싶어 한다. 한 사례로 강의에 참석한 남성이 이렇게 하소연했다.

"저는 아내와 소통이 안 돼요. 아무리 생각해봐도 제 말이 전혀 틀린 말은 아니거든요. 대체 무슨 말을 잘못한 건지 모르겠어요. 제가 똑같이 말해볼 테니 한번 들어보실래요? 너무 답답해서요."

아마 아내는 말의 내용보다 남편이 그 말을 표현하는 방법과 관계를 맺는 방식에 실망했거나 상처를 받았을 것이다. 사실 말의 내용은 그다음의 문제다. 소통을 원한다면 내가 하고자 하는 말을 단순히 전달하는 것을 넘어 그 순간 상대와 관계를 맺는다는 관점으로 접근해야 한다. 즉, 소통을 원한다면 상대를 '관계의 대상'으로 봐야 한다.

우리가 갖춰야 할 것은 '언어 능력'이 아니라
'관계 맺기 능력'이다.

관계를 바라보는 관점의 차이

"지금의 관계도 잘 대처하지 못하는데 소통을 위해 또 관계를 맺으라고요?"

"나이가 드니 관계를 정리하게 되더라고요. 그게 오히려 홀가분하지 않나요?"

"일만 하면 되지 굳이 관계를 맺어야 하나요?"

당신은 어떠한가? 혹 같은 의문을 가지고 있다면 다음 질문에 답해보자. '관계 맺기'라는 말을 생각할 때 주로 어떤 대상이 떠오르는가? 대부분 부모, 남편, 아내, 자식, 가깝게 지내는 친구나 동료 등을 먼저 떠올린다. 그렇다. 우리는 일차적으로 가까운 사람들과 관계를 맺고 살아간다. 그러나 관계를 '가까운 사이와 맺는다'는 관점으로만 생각하면 그렇지 않은 사람들과의 소통은 어떠한가. 안됐지만 우리는 가까운 사이가 아니어도 소통해야 하는 사이가 꽤 많다.

결국 관계는 두 가지로 분류할 수 있다. '단기적인 관계'와 '장기적인 관계'다. 전자는 그 순간을 위한 관계 맺기이며, 후자는 반복과 지속성을 토대로 점차 깊이가 더해지는 관계 맺기를 말한다. 가까운 사이는 결국 단기적인 관계가 반복을 거듭해 장기적인 관계로 발전하는 것이다. 물론 가족을 예로 들면 예외적으로 태어나면서 자동으로 관계가 맺어지긴 하지만 그 외 대부분은 순간순간의 관계 맺기가 조금씩 반복되고 확장되면서 장기적인 관계로 발전한다.

만약 누군가와 소통하길 원한다면 그 순간 상대는 단기적인 관계 맺기의 대상이 된다는 점을 기억하자. 아니, 우리가 마주하는 모두가 관계 맺기의 대상이다. 그렇지 않으면 그저 말을 전달하거나, 일을 처리하는 것에 그칠 뿐 '소통'은 일어나지 않는다. 관계 맺기를 고려하지 않는다면 아무리 조리 있고 설득력 있게 말한다 해도 그저 일방적인 말 내뱉기, 즉 자기만족에 불과하다.

고객과 소통을 원하는가.
그렇다면 그 순간 고객은 내 관계 맺기 대상이다.
자녀와 소통하길 원하는가.
그럼 자녀 역시 그 순간 내 관계 맺기 대상이다.
바로 이 관점에서 시작해야 한다.

그런데 안타깝게도 우리는 이런 질문을 자주 한다.

"전 이 회사 그만두면 연락할 사람 아무도 없어요. 그래도 관계를 맺어야 하나요?"

"고객은 서비스를 이용하러 온 사람일 뿐이잖아요. 언제 또 방문할지 알 수도 없고, 저랑 아무 상관도 없는데요?"

관계를 가까운 사이하고만 맺는다고 봤기 때문이다. 이럴 때 우리는 상대와 소통하기보다 목적만 전달할 확률이 높다. 목적만 전달하는 것은 잘못된 것일까? 물론 그렇지는 않다. 그러나 목적만 전달하는 것과 관계 맺기를 하는 것을 비교하면 최종적으로 내가 달성하고자 하는 방향에 얼마나 가까이 또 효과적으로 닿을 수 있는지에서 분명한 차이가 난다. 특히 갈등 상황에서 차이는 더욱 확실해진다.

가족의 경우도 예외는 아니다. 우리는 흔히 가족을 피로 맺어진 혈연관계라고 표현하며 이미 완성된 관계로 인식한다. 때문에 소통하는 순간 가족과 관계를 맺는다고 생각하지 못한다. '우리는 이미 가족인데 굳이…' 하는 생각으로 관계를 맺으려 하지 않아 힘든 상황이 곧잘 생긴다. 이것은 틀렸다. 가족 역시 소통하려면 타인과 마찬가지로 매 순간 관계 맺기 대상으로 대해야 한다. 앞으로 우리가 알게 될 관계 맺기의 여러 방법을 누구보다 적극 활용해야 할 대상이 바로 가장 가까이에 있는 가족이라는 점을 명심하자. 더는 소통을 부르짖으며 상대를 관계 맺기 대상으로 보지 않는 오류를 범하지 않았으면 좋겠다.

나와의 관계를 잘 맺어야 소통도 쉬워진다

우리는 '인간은 사회적 동물'이라는 표현을 아주 당연하게 받아들인다. 인간은 홀로 살아가지 않고 다른 사람과 끊임없이 상호작용하며 관계를 유지하고 어울림으로써 존재를 확인한다. 나는 인간에게 타인과의 관계 맺기보다 우선하는 혹은 반드시 병행해야 하는 한 가지가 더 있어야 한다고 본다. 바로 자신과의 관계 맺기다.

강의 시간에 소통을 잘하기 위해 무엇보다 나와의 관계를 잘 맺어야 한다고 말하면 반문하는 사람이 많다.

"내가 나와 관계를 맺어요? 나는 그저 '나' 아닌가요?"

많은 사람이 자신과 관계를 맺는다는 말에 의아해하고 이해하기 어렵다는 반응을 보인다. 하지만 타인과의 관계 형성에 앞서 반드시 자신과 관계를 잘 맺어 원만하게 상호작용해야 한다. 자기 자신을 중심에 두지 못하는 사람의 관계 맺기는 줄곧 상대방에게 끌려 다니게 되고, 주체성이 없기에 공허함이 따라올 수밖에 없다. 반대로 자신과 관계 맺기를 잘한 사람은 자신을 중심에 두고 다른 사람과 관계를 맺기 때문에 균형을 잃지 않고 조화를 이룬다. 그렇게 맺은 관계는 만족도도 높다. 무엇보다 자신과 관계 맺기가 원활한 사람은 다른 사람과도 건강하게 관계를 맺을 수 있다.

그렇다면 나를 중심에 두고 자신과 상호작용을 한다는 것은 무슨 의미일까?

'나' 역시 내가 관계를 맺는

'대상'으로 인식해야 한다.

다시 말해 나와도 매 순간 관계를 맺기를 위해 '노력'해야 한다. 내 마음이 어떤지 알아봐주고, 그 마음을 표현해주고, 잘 표현했는지 돌아보면서 나와의 관계를 잘 맺어야 한다. 앞으로 살펴볼 마음 연결 요소들을 타인과의 소통에만 적용하지 말고 반드시 자신에게도 해주자. 내 마음 알아주기가 항상 제일 먼저다.

잠시 멈추고 질문하기

1. 내가 생각하는 '소통'은 무엇인가? 그것은 말하기에 가까운가, 관계 맺기에 가까운가?
2. 나는 지금 가까이에 있는 사람들을 매 순간 관계 맺기 대상으로 보고 있는가, 아니면 목적 전달에만 집중하는가?
3. 내가 정의한 관계 맺기 대상 이외의 사람들과 소통할 때, 나는 소통을 원하면서 목적 전달에만 집중하고 있지는 않은가?

마음 연결을
방해하는 것들

이제 관계 맺기에서 정말 중요한 요소를 살펴보자. 정답 같은 말이나 정보 전달 이전에 '마음 연결'이 우선이다. 몇 번을 강조해도 지나침이 없다. 소통에는 마음이 빠지지 않는다. 불통 역시 그 중심을 살펴보면 마음에서 오는 문제인 경우가 많다. 실제로 소통을 잘하는 사람은 마음 연결을 누구보다 잘하고 또 중요하게 생각한다.

우리가 흔히 경험하는 예를 한번 들어보자. 만약 누군가를 편하게 생각하고 좋아한다면 어떻게 행동하는가? 대개 그 사람의 행동이나 말을 잘 해석해서 받아들이려 노력한다. 이와 달리 상대가 불편하고 싫은 경우에는 어떤가? 아마도 그 사람의 말과 행동을 쉽게 의심하거나 반감을 가질 것이다. 다시 말해 나와 마음 연결이 잘된 사람이 혹 내 생각과 다른 말을 해도 '그 사람이 그렇게 했다면 분명 이유가 있을 거야'라며 수용하려 한다. 반면 나와 마음 연결이 잘 이뤄지지 않은 사람은 그가 아무리 정확하고 잘 짜인 말을 하더라도 '말은 저렇게 해도 실제로는 그렇지 않을 거야'라고 경계한다. 심지어 정답 같은 말을 하면 '아, 재수 없어. 자기만 잘난 줄 아나 봐!'라고 예민하게 반응하기도 한다. 이렇듯 소통에서 '마음 연결'은 시작이자 중심이다.

반드시 피해야 할 표현 패턴

마음 연결을 방해하는 표현 패턴이 있다. 의도치 않게 습관처럼 나오기도 하는 이 표현 패턴은 누구나 한 번쯤은 겪어본 적 있을 것이다. 바로 맞는 말도 기분 나쁘게 하는 '잔소리'다. 분명 맞는 말이지만 이상하게 기분을 상하게 만들어 상대에게 잘 받아들여지지 않으며, 심지어 반감까지 느끼게 한다. 잔소리는 남녀노소 누구나 싫어하는 표현 패턴이다.

불통을 겪는 사람의 흔한 레퍼토리 중 하나가 "내가 어디 틀린 말 했어?"다. 잔소리하는 사람은 대부분 자신이 옳다고 생각하면서 말하기 때문에 말을 화살처럼 너무 강하게 일방적으로 쏘아댄다. 상대의 마음이 과녁인 양 쏘아대면 기분이 좋을 리 만무하다. 소통은 말 이전에 마음 연결부터 해야 하는데 그 마음 연결을 '기분 나쁨'으로 시작하니 그다음 말은 도통 들리지 않는 것이 당연하다. 잔소리를 듣고 동기부여가 되었다거나 변화를 경험했다는 경우를 나는 거의 보지 못했다.

옳다고 생각하는 내 기준

과연 삶에 '정답'이라는 게 있을까? 물론 어떤 경우에는 정답이라 할 만큼 들어맞는 진리도 있다. 그러나 소통을 방해하는 정답 같은 말은 대부분 그저 누군가의 기준에 불과한 경우가 많다. 만약 그 기준이 상대가 동의하기 쉽지 않은 것이라면 불통은 더 악화된다.

나는 평소 정리를 강조하는 편인데 그러다 보니 내 아이에게 가장 많이 하는 말도 '사랑해'보다 '정리 좀 해'라는 말이었다. 어느 여름 중반 폭폭 찌던 날, 일을 마치고 집에 들어서자 가장 먼저 눈에 들어온 광경은 애벌레가 껍질을 벗듯 옷에서 몸만 쏙 빠져나와 소파에 벌렁 누워 있는 아이의 모습이었다. 나는 소통 강의를 하는 강사고 불과 두 시간 전에 강의를 한 데다 누구보다 아들과 소통하고 싶어 하는 엄마였지만 순간 내 입에서는 전혀 다른 말이 튀어나왔다.

"야! 엄마가 몇 번을 말해? 정리하고 쉬어! 이제 이런 것쯤은 스스로 할 수 있잖아!"

바깥일에 에너지를 전부 쏟고 온 줄 알았는데 어디서 그런 힘이 솟아났는지 갑자기 속사포 랩이 쏟아져 나왔다. 아마도 '내 말이 맞다'는 확신에서 그런 울림이 터져 나왔으리라. 아이에게 된통 소리를 친 나는 아이가 평소처럼 정리를 하겠지 하고 생각했다. 그러나 상황은 내 시나리오와 전혀 다른 쪽으로 흘러갔다. 당시 초등학교 고학년이었던 아이는 내게 성큼성큼 다가와 당차게 물었다.

"엄마, 엄마는 집이 뭐라고 생각하세요?"

예상치 못한 아이의 행동에 몹시 당황스러웠지만 나는 다시 힘을 실어 말했다.

"집이 왜? 정리부터 하고 물어!"

아이는 굽히지 않고 말을 이어갔다.

"제가 생각하는 집은 편히 쉴 수 있는 공간이에요. 학교에서는 저도 정리를 잘하고 지내요. 오늘은 너무 더웠고 집으로 오는 길에 땀을 많이 흘려서 땀 좀 식히고 정리할 생각이었는데 엄마는 왜 오자마자 정리부터 하라고 그러는지 이해할 수가 없어요."

순간 망치로 머리를 한 대 맞은 기분이었다. 아이를 설득할 방법이 마땅치 않았다. 항상 정리가 우선일까? 실은 내 기준일 뿐이었다.

다시 한 번 생각해보았다. 아들은 열이 많은 체질이고 학교가 비록 멀지 않은 거리에 있어도 한여름에 그 거리를 걸어오자면 땀으로 흠뻑 젖는 것은 순식간이었다. 그러니 아이가 집에 와서 제일 먼저 해야 할 일은 정리가 아니라 땀을 식히는 것이었을지 모른다. 더구나 집에 아무도 없는 상황이라 거실에 옷을 벗어둔 채 잠시 누워 있어도 안 될 일은 아니었다. 그런데 모든 것을 내 기준 대로 바라봤으니 아이가 받아들이기 어려운 것은 당연했다. 그것도 소통에서 매우 중요한 마음 연결을 먼저 하지 않고 질책하듯 말을 쏟아냈으니 더욱 그럴 만했다.

이런 현상은 회사에서 책임을 져야 하는 위치에 있거나 오랜 기간 관련 일을 해온 연장자 혹은 리더일 경우 더 잘 나타난다. 소통을 막는 이러한 행동은 '꼰대', '답정너' 같은 신조어로 풍자된다. 만약 당신이 부모라면 자식에게, 상사라면 직원에게, 선배라면 후배에게 내 기준만 강요하며 말하고 있지는 않은지 반드시 돌아보자.

유익한가, 유익하지 않은가

한때 내 머릿속을 계속 맴돌던 말 중 하나는 "옳은 말이라고 다 유익하진 않다"였다. 내가 사람들에게 전달하는 말은 대부분 옳다고 생각한 것이지만 개중에는 당사자에게 유익하지 않아 관계를 악화한 경우도 있었다. 이럴 때 그 옳은 말이 무슨 소용 있을까? 물론 의도가 목적 달성에 있다면 괜찮을지 모른다. 그러나 가까운 사이일수록 또는 변화를 위한 것일수록 관계는 더 중요하므로 원하는 결과를 만드는 데 도움을 주지 않는다.

그러니 설령 옳은 말이라는 생각이 들더라도 표현하기 전 상대에게 유익한지 한번 돌아봐야 한다. 또한 유익하게 전달하는 방법이나 타이밍을 찾기 위해 노력해야 한다.

'수정하기 전에 연결 먼저'

connection before correction

나는 이 말이 참 좋다. 일단 마음이 연결되면 내 말이 비록 정답이 아니어도 해답을 줄 수 있고, 반대로 연결되지 못하면 내 말이 설령 정답 같아도 상처를 넘어 단절을 초래한다.

인간은 감정의 동물이고 삶은 심리전이다. 내가 보건대 상대의 심리를 잘 읽고 알아주는 사람은 자신이 원하는 방향으로 좀 더 수월하게 간다. 비단 관계뿐 아니라 실질적인 성과에서도 그렇다. 개인적인 관계는 물론 교육, 영업, 리더십의 영역에서도 마찬가지다.

기준은 분명 도움을 주고 기준에 맞춰 바로잡는 것도 필요하다. 그렇지만 필요 이상의 기준이나 마음이 담기지 않은 기준으로 서로 상처를 주고받으며 불필요하게 에너지를 사용해 삶이 건조하고 차가워지지 않았으면 좋겠다.

우리는 종종 의도치 않게 자존심을 내세운다. 내 방식이 통하지 않을 때 더욱더 그렇다. 세대 간 소통에서도 중요한 이슈인데 특히 성장을 이끌어온 기성세대는 자기 방식으로 성공했기에 그것을 기준 삼아 다음 세대에게 강요한다.

"이렇게 해야 성공할 수 있어."

"그렇게 하면 아마 안 될걸."

"내가 이미 다 해봐서 알아."

그러다 자기 방식이 받아들여지지 않으면 유연하지 못한 모습을 보인다. 물론 기준 자체가 문제가 되거나 나쁜 것은 아니다. 기준은 우리에게 적당한 안정감을 안겨준다. 마치 우리가 회사라는 틀을 벗어나고 싶어 하지만 막상 그 틀이 사라지면 불안을 느끼는 것과 같다. 다시 말해 회사라는 적당한 틀 안에서 경험하는 자유가 훨씬 더 유연하고 안정적이다. 기준은 참고할 수 있다. 기준은 간접 경험의 기회도 준다. 이렇듯 분명 기준은 필요하지만 우리는 그것으로부터 자유로워야 한다.

내 방식은 내게만 적용된다는 것을 기억하자. 참고할 수 있도록 추천하거나 안내하되, 스스로 선택할 공간을 열어주어야 한다. 이는 나이를 떠나 자기 기준이 강한 사람이라면 누구나 곰곰이 생각해볼 문제다.

내게는 어떤 틀이 있는가. 나는 그 틀에서 유연하고 자유로운가. 아니면 그저 그 틀을 지키기 위해 애를 쓰고, 틀이 지켜지지 않을 때 마음의 안정까지 무너뜨리며 강요하다 불통을 경험하는가. 그리고 그 틀을 이 상황과 관계에서 지키는 것이 과연 유익한가, 유익하지 않은가.

우리에게는 각자 믿거나 지키고자 하는 기준이 있다. 그러나 내 마음을 잘 들여다보자.

우리가 정말로 지켜야 할 것은,
그리고 지키고 싶은 것은 기준이 아니라
서로 맞춰가며 성장하는 유연함이다.

불통을 불러오는 생각의 틀

우리에게는 어떤 현상을 겪을 때 자동적으로 반응하는 생각과 말의 틀이 있다. 누구는 긍정적인 틀을 가진 반면 누군가는 부정적인 틀을 가지고 있다. 불통을 불러오는 경우에는 대부분 부정적인 틀이 강하게 작용한다. 심지어 그 틀로 자신의 생각과 행동을 정당화하면서 더 이상 상대를 이해하려 하지 않는다. 때로 이것은 상대에게 무기력감과 반항심을 불러일으킨다.

그 대표적인 것으로 비교, 당연시, 강요, 합리화가 있다.

- **비교**

  자신의 생각과 감정에 따라 어떻게든 비교하면서 상대의 잘못인 양 비판하는 것.

  “엄마 친구 아들은 그런 상황에서도 시험을 잘 봤다고 하더라.”

  “영업팀은 다들 야근을 해서 마무리했다던데.”

  “어떻게 동생만도 못하니.”

- **당연시**

  자신만의 절대 기준을 적용하면서 자신의 생각과 감정을 당연하게 주장하는 것.

  “남자라면 당연히 그 정도는 해야 하는 것 아닌가.”

"리더라면 당연히 중심에 서서 이끌어야지."

"그런 결과는 당연한 거야. 그래도 싸."

- **강요**

내 힘과 기준, 경험에 빗대 상대에게서 선택의 자유를 박탈하는 것.

"이거 안 먹으면 오늘 TV는 없어."

"그냥 하라는 대로 해. 나 대리 땐 다 그랬어."

"내가 해봐서 아는데, 지금 당장 해야 할 거야."

- **합리화**

상황에 기대 자신의 생각과 말을 포장하고 책임을 부인하는 것.

"엄마도 이러고 싶지는 않아."

"사는 게 다 그렇지 뭐."

"직장이라는 게 원래 그런 거야. 어쩔 수 없어."

이러한 생각과 말을 단순히 나쁘다고만 할 수는 없다. 그렇게 해서라도 긍정의 상황을 끌어내거나 상대가 행동하도록 만들고자 하는 목적이 있기 때문이다. 문제는 더 나은 표현 방법을 몰라서 이런 부정적인 방식을 동원한다는 데 있다. 소통을 알고 훈련하면 궁극적으로 실행하려는 긍정적인 목적을 '표현하는 과정 자체'에서도 얼마든지 실현할 수 있다. 예를 들어 쉽게 말하자면, 가령 아이가 밥을 잘 먹고 건강하기를 바라는 엄마의 진짜 마음, 즉 궁극적인 목적을 있는 그대로 표현하는 것이 중요하다. "이거 안 먹으면 오늘 TV는 없어"라고 말하는 것은 자칫 선택권이 없는 아이에게 폭력이 될 수도 있고, 결코 엄마의 궁극적인 목적에 이를 수 없다.

이제 마음 연결을 돕는 것들은 무엇이 있는지 살펴보자.

방해 요소를 제거하자

같은 내용을 말해도 상대와 상황에 따라 다르게 받아들여지는 것을 경험한 적이 있을 것이다. 이는 상대의 환경이나 기준에 따른 이해가 다르기 때문이다. 가령 아무리 좋은 말도 상대의 교육 수준에 따라 용어를 이해하는 데 애를 먹는다면 효과가 떨어지거나 불통에 이를 수 있다. 종교나 정치 같은 신념 또는 가치관이나 성향 등이 영향을 주는 경우 이를 충분히 고려한 뒤 전달하는 것이 훨씬 유리하다. 또한 환경적 방해 요소 때문에 메시지를 전달받기 힘든 상태라면 방해 요소를 제거한 뒤 전달하는 게 좋다.

연인의 대화를 빗대어 설명하자면 여자가 남자 친구와 상의할 심각한 고민이 있어서 당장 대화를 나누고 싶어 한다고 해보자. 그런데 남자는 배가 고프면 대화가 힘든 성향이다. 안타깝게도 그는 지금 배가 몹시 고프다.

"할 말이 있어. 우리 얘기 좀 해!"

"나 아직까지 아무것도 못 먹었어. 너무 배고픈데 우리 밥부터 먹고 얘기하면 안 될까?"

이때 메시지 전달을 방해하는 요소는 '남자의 배고픈 상황'이다. 이를 명확하게 인지하고 현명하게 소통하는 사람은 마음은 급하겠지만 상대의 상황을 받아들여 "알았어. 그럼 밥부터 먹고 이야기하자"라고 응대할 것이다. 이와 달리 상황을 고려하지 않는다면 어떻게 될까?

"지금 밥이 넘어가? 뭘 잘못했는지는 알아?"

보채는 여자 친구 때문에 결국 배고픈 상태로 대화를 시작했다면 과연 여자가 전달하려는 메시지가 효과적으로 전달될까? 아마도 아닐 것이다. 이 상황에서 그녀의 목적이 '하고 싶은 말을 하는 것'이라면 목적은 달성했으니 만족할 수도 있다. 그러나 그녀의 궁극적인 목적은 '상대방의 이해와 변화'에 있으므로 결과의 만족도는 낮을 수밖에 없다.

상대에게 '운전 중'이라는 방해 요소가 있다면 도착한 후 전달하는 것이 필요하듯 전달하는 메시지의 효과를 높이려면 먼저 방해 요소를 파악하고 제거하는 것이 좋다. 특히 중요한 메시지일수록 방해 요소를 최대한 제거하는 것이 중요하다.

메시지 전달의 중심을 상대에게 두자

메시지의 내용 구성은 전달자가 아닌 전달받는 사람을 중심에 둔다. 강의를 하면서 질문을 하면 당연히 전달받는 사람을 중심에 둬야 한다고 모두들 잘 대답한다. 하지만 실제로 말을 할 때는 나도 모르게 전달하는 사람, 즉 자신을 중심에 둔다. 특히 소통이 잘 안 되고 있을 때 더욱 그렇다.

예를 들어 내가 오늘 유명한 칼을 판매할 예정인데 대상이 브랜드를 중시하는 30~40대 수도권에 사는 주부라고 해보자. 이럴 때 칼의 브랜드 역사를 설명하면서 판촉을 시작하면 설득력을 충분히 가질 수 있다.

"제가 오늘 아주 유명한 칼을 하나 소개하겠습니다. 독일의 유명한 쌍둥이 칼 아시죠? 290년 전통을 자랑하는 이 칼은 말이죠."

이렇게 시작하는 것은 청중의 관심사와 맞닿아 좋은 반응을 이끌어낼 수 있다.

"어머, 저거 꼭 사고 싶었는데!"

"구성이 어떻게 되는 거야?"

이와 달리 시골 마을회관에서 칼을 판다고 해보자. 방금 전까지 잡초를 뽑다 온 나이 지긋한 농부가 대상이라면 어떨까? 아무리 유명한 브랜드의 칼이고 판매자에게 칼 관련 지식이 많을지라도 그 시작은 도시의 젊은 주부를 상대로 할 때와는 달라야 한다. 만약 메시지를 받을 사람을 고려하지 않고 같은 방법으로 전달하면 어떻게 될까?

"어르신들, 제가 오늘 아주 유명한 칼을 하나 소개하겠습니다. 독일의 유명한 쌍둥이 칼 아시죠? 290년 전통의…"

분명 어르신들은 알아듣기 힘들다며 주변 지인들을 돌아보며 웅성웅성 대화를 주고받을 것이다.

"독일이 뭐 어쨌다고?"

"됐고, 우린 그런 거 몰러."

이럴 때는 성능을 직접 보여주며 시작하는 것이 유리하다. 단호박이나 수박 등을 준비해서 얼마나 쉽게 잘리는지를 보여주면서 말이다. 상대를 중심에 둔 눈높이 교육처럼 고객맞춤 서비스Customized Service, 즉 상대 맞춤형 소통으로 최고의 만족도를 이끌어내야 한다. 누구에게나 일률적인 서비스는 최고가 아니다. 그런데 가끔 이런 질문을 받는다.

"왜 제가 그렇게 맞춰줘야 하죠?"

왜 말하는 사람이 맞춰줘야 할까? 답은 간단하다.
내가 원하는 방향으로 나아가기 위해서.

말하는 방식을 바꿔 상대의 행동이 내 의도대로 변한다면? 판매

전략을 바꿔서 판매량이 늘어난다면? 결국 그것은 내 만족으로 돌아온다. 맞추지 않을 이유가 있을까? 상대 맞춤형 소통을 억울해하지 말자. 그것은 결국 나를 위한 행동이다.

잠시 멈추고 질문하기

1. 소통을 시도할 때 마음 연결을 중요하게 생각하는가?
2. 소통할 때 나는 어떤 기준을 가지고 있으며 관계 맺기에 얼마나 유연함을 적용하고 있는가?
3. 습관적으로 내뱉는 말은 어떤 것이 있는가?
4. 대화할 때 나는 주로 누구를 중심에 두고 말하는가?

상대가 변하길 바란다면

강의를 할 때 처음에 던지는 공통 질문이 있다.

"소통을 무엇이라고 생각하세요?"

여러 가지 답변이 나오지만 관계 형성이 어렵거나 심하게 불통을 겪는 사람은 간혹 이런 대답을 한다.

"나와 생각이 같은 것."

《논어》에 보면 '군자화이부동 소인동이불화君子和而不同, 小人同而不和'라는 공자 말씀이 나온다. 군자는 어울리지만 같아지지는 않고, 소인은 같아지지만 어울리지 않는다는 뜻이다. 군자의 어울림은 '화합할 화和'를 써서 개별 존재들의 서로 다름을 인정한다는 것을 나타냈고, 소인은 '한 가지 동同'을 써서 개별적 차이를 버리고 하나로 동화됨을 나타냈다. 이렇듯 화합은 다양성을 인정하면서 함께 어우러져야 가능하다. 마치 오케스트라에서 바이올린, 플루트, 트럼펫, 팀파니 등 각각의 악기가 명확히 자신의 소리를 내면서 하모니를 이루는 것과 같다. 반면 소인은 관계를 맺을 때 같아져야 하므로 누군가는 자신을 잃어야 한다. 화합을 핑계 삼아 나와 닮기를 기대하고 강요한다. 그렇지 않으면 소인은 관계 형성이 어렵기 때문이다. 이는 마치 오케스트라가 각자 특유의 음색을 버리고 한 가지로 비슷하게 연주하는 것과 같다.

사람을 모양에 비유하면 세상에는 세모, 네모, 동그라미 등 다양한 모양이 있고 크기도 제각각 다르다. 군자의 관계 맺기는 각자의 생각과 성향과 가치관을 유지하면서 개별적으로 존재하며 이루어진다. 그래서 이들의 관계 맺기는 자존감과 연관이 있다. 자기 색깔을 분명히 지키고 상대의 다름을 인정하려면 먼저 자신을 사랑하고 존중하는 '자존감'이 있어야 하기 때문이다. 소인은 비슷한 크기, 비슷한 모양과만 관계를 맺는다. 아니면 자신보다 엄청 커서 자신을 담을 수 있거나, 혹은 자신보다 작아서 자신이 담아줄 수 있는 모양과만 관계를 형성한다. 자신만의 분명한 색깔을 잃고 상대와 같아지는 것은 결국 상처로 남는다. 그리고 이는 곧 갈등과 불통을 의미한다. 상대의 '다름'을 내가 얼마나 받아들이고 있는지 돌아보는 것은 소통의 중요한 시작이자 본질이다.

우리는 서로 다를 뿐

나는 어려서부터 상황을 판단하는 눈치가 빨랐다. 딸 셋인 집의 막내딸이었기에 스스로를 실패작이라고 여겼기 때문이다. 어린 마음에도 첫째와 둘째가 딸이면 세 번째는 아들이어야 한다고 생각했었나 보다. 그래서인지 누가 시키지도 않은 아들 역할을 하려 했고 실제로 호기심 많은 아버지를 닮아 도전적이고 겁이 없다는 말을 많이 들었다. 그런 만큼 가보고 싶고 해보고 싶은 것을 많이 경험하며 자랐고, 경험한 것을 주변 사람들과 나누는 것을 좋아했다. 지금 돌이켜보면 내가 소개한 것이 좋은 평을 받는 게 큰 의미를 준 듯하다. 하지만 내가 좋으니 상대도 좋겠지 하는 일방통행식 소통은 자주 문제를 일으켰다.

한번은 해산물로 유명한 어느 호텔 뷔페를 방문했다가 해산물을 좋아하시는 부모님이 생각나 모시고 다시 방문한 적이 있다. 최고의 음식과 서비스니까 부모님도 당연히 좋아하리라고 생각했지만 실은 그렇지 않았다. 이것저것 음식을 맛보며 구경하던 부모님은 음식을 드실 때마다 이렇게 말했다.

"이 돈이면 시장에서는 조개가 한가득인데…."

"맛은 있는데 아무래도 바로 잡아서 하는 음식이 아니다 보니 신선함이…."

"집에서 먹으면 술도 마음대로 마실 수 있는데…."

"옷이 불편하니 먹기가 영 불편하네."

순간 너무 화가 났다. 좋은 것을 사드리고 싶어 모시고 왔는데 불만만 말씀하시니 차라리 이 돈으로 내가 필요한 것이나 살 걸 하는 후회가 밀려왔다. 생각해보니 다른 경우에도 나는 늘 비슷한 경험을 했다. 어버이날 값비싼 브랜드 옷을 선물하면서 부모님이 당연히 기뻐하실 거라 여겼지만 내 기대와 다른 말씀을 하셨다.

"이런 옷은 평소에 못 입어서 아까운데…."

"엄마는 이 색보다 다른 색이 더 잘 어울리는데…."

그럴 때마다 나는 "평소에도 입으면 되지", "이게 유행하는 색이야"라며 투덜거렸다. 내가 생각하는 '최고'를 절대 기준으로 여기고 부모님께 그걸 강요하며 예상과 다른 반응을 수용하기보다 화만 냈던 것이다.

먼저 그들의 삶으로 들어가기

아무리 자신의 생각이 옳더라도 무조건 상대를 바꾸려 하는 자세는 지양해야 한다. 우선 상대의 삶을 이해하고 그 안으로 들어가 어우러지는 것이 먼저다. 군자의 '화합'처럼 말이다. 그래야 내 제안에 상대가 거부감을 보이지 않고 오히려 더 알고자 하는 의지를 보인다.

어느 날 새로 직장을 구한 친구가 어려움을 호소했다.

"여기 사람들은 다 게을러. 변화를 싫어한다고. 내가 볼 때 정말 비효율적인데 바꿀 생각은 하지 않고 늘 하던 대로만 해."

친구는 오랜만에 구한 일터에서 열정을 다하고 싶었던 모양이다. 새로 들어온 사람은 기존에 있던 사람보다 다른 시선으로 상황을 파악하기 수월하다. 익숙하면 정체되기 쉬우니 말이다. 그러나 변화를 반기는 조직은 흔치 않다. 대부분 변화를 원하면서 동시에 두려워한다. 더욱이 마음이 연결되지 않은 상태에서 변화를 시도하면 자칫 기존 방식의 잘못을 지적하는 인상을 줄 수 있다.

"아마 네가 보는 게 맞을 거야. 그래서 더 답답할 테고…. 그렇지만 새로운 것이 늘 반가운 것은 아니잖아. 네 의도와 달리 기존 방식을 죄다 바보스럽게 보는 것처럼 느낄 수도 있고 상대적으로 네가 우월하다는 메시지를 줄 수도 있어. 어쩌면 기존 방식을 받아들여 좀 더 시간을 보내다 보면 오히려 그렇게 할 수밖에 없는 이유를 알게 될지도 몰라. 아니면 시간이 지나 사람들이 너에 대해 더 알게 되면 네게 새로운 아이디어를 물어보거나 도움을 구할 수도 있어."

때때로 '효율성', '편의성', '우수성' 등은 절대 기준으로 보이기도 한다. 누가 봐도 나은데 이런 것마저 배려해야 하나 싶을 수도 있다. 그러나 진정한 소통을 원한다면 명심하자. 상대의 삶으로 먼저 들어가야 소통할 수 있다.

나 역시 내 기준을 절대적인 것으로 보고 부모의 기준을 이해하지 않는 바람에 의도치 않게 당신들의 삶과 존재를 부정하는 느낌을 드렸다. 몇 번 비슷한 일을 겪은 뒤 나는 다르게 대처하기 시작했다. 부모님이 편안해하시는 장소를 택하고 부모님이 원하시는 선물을 했다. 물론 내 기준으로 보면 썩 마음에 들진 않지만 받는 사람이 좋다니 어쩌겠는가. 그런 내 시도와 의도가 잘 전달됐는지 예전과 달리 나를 앞세워 바깥나들이도 가시고 의견이 필요할 때면 종종 내게 물어보시기도 한다. 상대가 변하기를 바란다면 먼저 상대의 삶에 들어가 이해하려는 노력이 필요하다. 언제나 '함께하는 것'이 먼저다. 그래야 우리는 상대를 진정으로 알 수 있고, 상대는 비로소 나의 제안을 편안하게 자신의 세상 안으로 받아들일 수 있다.

바꾸는 것이 아닌 바뀌는 것

우리에게는 자율적으로 행동하고자 하는 주체성이 있다. 그렇기에 누군가가 주체성을 빼앗으려 하면 이를 '공격'으로 인식하고 맞선다. 특히 자신의 존재와 정체성을 공격당하면 결코 참지 못한다.

그런데 우리는 많은 경우 상대를 바꾸려는 방식으로 접근한다. '바꾼다'의 밑바탕에는 이미 상대가 '잘못되었다'는 인식이 깔려 있다. 너와 나는 평등한 관계에 있지 않고 내가 네 우위에 있다고 본다. 누군가 내가 잘못되었다는 인식을 바탕으로 관계 맺기를 시도한다면, 혹은 지시나 강요의 방식으로 자신을 우위에 두고 접근한다면 우리는 어떤 자세를 취할까? 나를 바꾸려 한다는 것을 느끼는 순간 분명 뒷걸음질치며 나를 보호하려 할 것이다.

어디까지나 '바꾸는 것'이 아니라 '바뀌는 것'이 중요하다. 그리고 바뀌는 것의 주체는 항상 상대여야 한다. 상대는 지시와 강요로 결코 변화되지 않는다. 이해와 인정, 공감을 받을 때 비로소 마음을 열고 스스로 움직인다.

변화를 위해 고려해야 할 사항

많은 사람이 이런 어려움을 호소한다.

"저도 마음이 썩 내켜서 하는 게 아닌데 정말 이 사람은 안 되나 봐요. 어떻게 전과 똑같죠?"

"제가 그정도 노력하면 자기도 최소한의 노력은 해야 하는 것 아닌가요?"

상대가 변하길 원한다면 명심해야 할 세 가지 고려사항이 있다.

첫째, 변화는 어렵다.

우리는 상대의 변화를 원하기만 할 뿐 그 변화가 얼마나 어려운 것인지는 고려하지 않는다. 변하지 않아 답답할 때 우리는 흔히 상대에게 이렇게 말한다.

"그냥 이렇게 하면 되잖아. 내가 뭐 큰 것을 바라?"

한번 생각해보자. 변화가 말처럼 쉽고 간단한 것이라면 우리는 왜 그토록 노력하고 고통스럽게 고민할까?

변화가 쉬운 것이라면
이렇게까지 오래도록 인류의 화두로 남아 있었을까?

변화는 항상 가던 방향을 틀어야 하는 일이다. 그만큼 많은 의지와 힘이 필요하다. 더구나 긴 시간 걸어온 방향이라면 더더욱 쉽지 않다. 그 어려운 것을 시도하는 상대를 우리는 이해하고 격려하며 기다려주어야 한다.

둘째, 변화의 주체는 상대가 아닌 '나'다.

우리는 흔히 상대를 내 입맛에 맞게 변화시키려 애쓰다 고통을 겪는다. 내가 아닌 상대를 변화 주체로 본다. 그런데 스스로 변하기도 어려우면서 감히 다른 사람을 변화시키는 것이 가능할까?

이상적인 것은 내가 먼저 변화하고 그 모습을 본 상대도 변화를 선택하게끔 하는 것이다. 그러므로 '나'를 중심에 두고 과거의 나와 현재의 나를 비교하며 변화에 힘써야 한다.

한번은 평소 자신을 표현하는 데 서툴러 어려움을 겪는 여성이 이렇게 호소했다.

"원장님, 너무 부끄럽고 화가 나요. 제 남편은 정말 구제불능이에요. 제가 뭐 하러 그랬는지 원."

나는 몹시 속상해하는 그녀에게 어떤 사정인지 조심스레 물었다.

"저도 마음을 표현하는 게 쉽지는 않거든요. 막 손발이 오그라들고 그러는데…. 제가 큰맘 먹고 '사랑해'라고 했단 말이에요."

"와, 정말 대단하네요."

"제가 생각해도 그렇게 표현한 제 자신이 대단한데, 글쎄 남편이 뭐라고 했는 줄 아세요? '응.' 이 한마디가 다예요. 아니 제가 노력하면 자기는 노력하는 시늉이라도 해야 하는 것 아니에요? 이제 다시는 그런 말 안 할 거예요."

크게 마음을 다잡고 시도했어도 결과의 중심을 다른 곳에 두면 이처럼 못마땅할 수 있다. 그동안 마음에만 담아두었던 것을 표현한 이유를 '상대의 변화'에 두어서는 안 된다. 그 자리는 '지금까지 표현하지 못하던 나의 변화'가 차지해야 한다. 그러면 '내가 마침내 표현했다는 사실'만으로도 충만할 것이다.

이번에는 남편 입장에서 한번 살펴보자. 평소 불통을 겪던 사이에서 갑자기 살갑게 변하면 그리 달갑게 다가오지 않을 것이다. '뭔 꿍꿍이야? 왜 저래? 나더러 어쩌라는 거야!'라는 맘이 절로 들면서 의심이 솟아나고, 괜한 걱정에 일이 손에 잡히지 않을지도 모른다.

내가 변했을 때 상대의 반응은 예전과 똑같거나 오히려 한 발 더 뒤로 물러설지도 모른다고 예측해야 훨씬 현실적이다. 그냥 '그동안 표현하지 못하던 내가 해냈어!'라고 자신에게 힘을 실어주자. 그래야 변화를 지속할 수 있다. 변화에서 지속력은 매우 중요하다. 도중하차 같은 변화는 오히려 상대에게 불안감을 주고 '저러다 금세 제자리로 돌아와'라는 꼬리표를 달게 만든다. 내가 변화를 지속해야 상대는 서서히 적응하고 마음을 움직이며 변화에 동참한다.

셋째, 변화는 한계 내에서 시도한다.

한계에는 여러 가지 의미가 있다. 심리적, 환경적, 재정적, 물리적 한계는 각자의 상황에 따라 그 범위가 다르다. 한계 내에서 시도하는 게 중요한 이유는 한계를 넘어서면 그에 따른 보상을 받고자 하는 심리가 작동하기 때문이다.

가령 내가 이번 달 쓸 수 있는 생활비(재정적 한계)가 빡빡한 상황에서 강의에 참석하는 사람들에게 커피를 한 잔씩 대접한다고 해보자. 수강생이 "고맙습니다"라고 인사하면 내게 '감사'라는 보상이 생기지만, 그중 한 명이 "어? 저는 커피 안 마시는데요"라고 하면 무리해서 커피를 샀는데 보상을 받지 못했기에 '뭐야, 내가 어떻게 산 커피인데. 어쩜 말을 저렇게 해?' 하며 기분이 확 상할지도 모른다. 똑같은 한 잔의 커피라도 내 재정적 한계가 넉넉했다면, '보상'이 주어지지 않아도 '다음엔 원하는 메뉴를 말해달라. 그걸로 준비하겠다'는 농담을 건네며 유연성을 발휘할 수 있다. 지속할 수 있는 한계 내에서 변화를 시도해야 하는 이유가 여기에 있다. 처음부터 크게 변화를 시도하면 반드시 보상을 바라면서 그것이 채워지지 않을 때 지속력을 잃고 만다. 종국에는 변화를 시도하지 않은 것만 못한 상황까지 관계를 몰아가기도 한다.

예를 들어 앞선 예시로 돌아가서 그동안 하지 않던 애정 표현을 남편에게 한다면 갑자기 '사랑해'라고 말하기보다 다정한 말투나 배려 깊은 행동 등 상대가 지속적으로 사랑을 느끼면서 나 또한 지속적으로 표현할 수 있는 소박한 수준에서 시도하는 것이 좋다.

잠시 멈추고 질문하기

1. 나는 다름을 인정하는가? 혹시 같아지기를 강요하지는 않는가?
2. 만약 변화를 시도했지만 마음처럼 되지 않았다면 그 이유가 무엇인지 확인해보자.

2장

마음 연결을 원하는 우리에게 필요한 소통의 기본 요소

작은 표현의 힘은

생각보다 아주 크다.

상대의 마음을 여는 말하기란

"소통하는 것도 좋지만 사실 전 그 사람하고 친하게 지내고 싶지는 않아요."

"가족하고도 마음이 통하질 않는데, 낯선 사람들과 어떻게 마음을 연결하나요?"

"얼마나 친해져야 마음이 연결되는 건데요?"

흔한 오해인데, 마음 연결은 모두를 사랑하거나 모두를 좋아하라는 것이 아니다. 물론 그 마음이 본질상 사랑에 가까우면 더할 나위 없이 좋겠지만 '사랑'과 '마음 연결'은 다르다. 감정의 영역이라기보다 행동이나 전략에 가깝다. 설령 사랑일지라도 그것만으로는 소통할 수 없다. 소통에는 구체적인 행동인 '마음 연결'이 필요하다.

마음 연결을 시작하는 데는 다섯 가지 기본 요소가 있다. 인정, 이해, 공감, 칭찬, 감사가 그것이다.

어느 날 미팅을 위해 자주 가던 커피숍에 들러 대리 주차 서비스를 받았다. 그런데 평소와 달리 두 배의 비용을 요구하는 것이 아닌가. 당황스러워 담당자에게 확인을 부탁했다.

"제가 여기 처음 온 게 아닌데 비용이 다르네요. 번거롭겠지만 한 번 확인해주시겠어요?"

그는 대뜸 이렇게 말했다.

"아니, 4천원이니까 4천원이라고 하지. 주차하려면 내리고, 아니면 얼른 차 빼세요."

비용이 올랐다면 그의 말이 틀린 것은 아니었지만 순간 나는 비용보다 그가 나를 대하는 방식에 화가 났다. 무슨 문제가 생겼다고 생각했는지 멀리 있던 다른 직원이 다가왔다.

"무슨 문제가 있나요?"

"대리 주차 비용이 예전과 달라서 확인을 부탁했어요."

그는 내 말을 듣고 이렇게 대답했다.

"너무 비싸죠? 이 땅값이 올라도 너무 많이 올랐어요. 한데 어쩌겠습니까. 우리는 직원일 뿐이고 주인이 그렇게 하라니 이렇게 하는 수밖에요."

그는 나를 이해해주며 '당신이 그렇게 생각하는 것도 무리는 아니야'라는 듯 대해주었다. 그렇게 이해받은 나는 곧바로 두 배나 오른 비용을 받아들였다.

"아, 그래요? 정말 그렇겠네요. 어쩔 수 없죠."

구입한 물건을 교환하거나 환불받을 때도 마찬가지다.

"고객님, 영수증은 지참하셨죠? 구입한 날짜가 일주일을 넘지 않아야 하고 상품은 미사용 상태여야 합니다."

직원은 규정에 따라 대처한 것이지만 환불 규정이나 영수증 지참 같은 원칙을 먼저 내세우면서 정답 같은 말만 하는 그 직원이 왠지 얄밉다. 순간 내가 바보가 된 것 같기도 하고 환불을 받으러 온 게 큰 잘못인가 싶어 움찔한다. 어느새 환불은 뒷전이고 직원의 서비스 태도에 화가 나기 시작한다. 만약 그때 직원이 이렇게 말했다면 어땠을까?

"아, 마음에 드셨으면 좋았을 텐데요. 빠른 환불을 위해서는 영수증이 필요한데요."

규정이나 매뉴얼도 중요하지만 이처럼 순간의 관계 맺기를 시도한다면 갈등 상황이라 해도 분위기도 한결 좋아지고, 덩달아 업무도 원활하게 처리할 수 있다. 막연히 감정노동을 하라는 것은 아니다. 고객의 입장이 되어 상대가 무엇을 원할지에 초점을 맞춰 생각해본다면 그리 어려운 것은 아닐 것이다.

우리는 정답을 듣고 싶은 게 아니다. 어쩌면 우리는 답을 이미 알고 있을지도 모른다.

내가 원하는 것은 나를 좀 더 이해하고 공감해주는 일이다.
그리고 그것은 상대도 마찬가지다.
중요한 것은 항상 마음으로 먼저 다가가는 것이다.

샌드위치 화법

소통을 잘하는 사람의 화법은 분명 다르다. 대화의 물꼬를 인정하는 말로 시작한다. 먼저 상대방을 인정하고 자존감을 높여줌으로써 자신 역시 인정받는 것이다. 대표적인 표현법으로 '샌드위치 화법'이 있다. 아래 샌드위치를 살펴보자.

샌드위치의 빵과 빵 사이에 들어가는 상추, 토마토, 오이, 햄, 치즈 등의 다양한 재료는 '내가 하고자 하는 말'에 해당한다. 그리고 빵은 앞서 말한 마음 연결의 다섯 가지 요소가 된다. 즉, 하고자 하는 말 이전에 인정, 이해, 공감, 칭찬, 감사의 말을 먼저 한다.

어려운 대화의 상황을 이렇게 비유해보자. 다짜고짜 상대가 손바닥으로 내 뺨을 치면 어떤 기분이 들까? 아프기도 하거니와 수치심이나 불쾌감이 먼저 올라올 것이다. 반면 글러브를 끼고 뺨을 치면 충격이 덜하다. 샌드위치 빵은 글러브와 같다. 소통이 어려운 순간이나 상대에게 수정을 요구할 때는 내 말이 존중받을 수 있도록 격식을 갖춰 부드럽게 전달할 글러브가 꼭 필요하다. 같은 말이라도 맨손으로 뺨 때리듯 전달하는 사람이 의외로 많다.

샌드위치 아래 깔리는 빵의 역할은 격려, 지지, 감사 표현이다. 첫 번째 식빵이 내 말이 잘 받아들여지게 하는 역할을 했다면, 마지막 식빵은 전체적인 말의 느낌을 기억하게 한다. 예를 들어보자.

- **보고서 수정이 필요할 때**

수인 씨가 작성한 보고서는 보기가 참 편해요. ← 칭찬

그리고 여기 한 곳만 수정하면 훨씬 좋을 것 같아요. ← 하고 싶은 말

언제나 늦지 않게 처리해줘서 정말 고마워요. 언제든 도움이 필요하면 말해요. ← 감사, 지지

- **건의할 일이 있을 때**

이번 일을 맡으면서 몰랐던 부분을 자세히 알게 되었습니다. ← 인정

그리고 제가 한 가지 제안하고 싶습니다. ← 하고 싶은 말

항상 편안하게 의견을 낼 수 있게 배려해주셔서 감사합니다. ← 감사

- **고객의 요구사항을 처리할 때**

우리 제품을 믿고 구매해주셔서 정말 감사드립니다. ← 감사

그리고 말씀하신 요구사항을 처리하는 데 일주일 정도 걸릴 것으로 예상합니다. ← 하고 싶은 말

문의사항이 있으시면 언제든 최선을 다해 답변하겠습니다. ← 지지

순접 접속사 '그리고'

앞의 예시 문장을 보면 반복되는 표현이 있다. 하고자 하는 말을 할 때 '그리고'를 사용한다. 샌드위치 화법에서 주의 깊게 봐야 할 부분이 바로 순접 접속사 '그리고'다. 인정하는 말로 시작을 잘 했어도 역접 접속사인 '그런데'를 사용할 경우 의도가 다르게 전달되기도 한다.

"준비하느라 수고했어요. **그런데** 여기를 수정해야겠어요."

"그렇게 말해줘서 고마워. **그런데** 이 부분이 이해가 잘 안 돼."

"믿고 구매해주셔서 감사합니다. **그런데** 말씀하신 요구사항을 처리하는 데는 일주일 정도 걸릴 것 같습니다."

역접 접속사는 뒤에 오는 말이 앞말과 반대된다는 것을 암시한다. 설령 샌드위치 화법으로 말할지라도 역접 접속사를 사용하면 인정이나 감사는 영혼 없는 인사치레가 되거나 용건을 말하기 위한 빈말일 뿐이라고 여겨져 인정 효과를 떨어뜨린다.

그럼 순접 접속사 '그리고'를 사용하면 어떨까?

"준비하느라 수고했어요. **그리고** 여기를 수정해야겠어요."

"그렇게 말해줘서 고마워. **그리고** 이 부분이 이해가 잘 안 돼."

"믿고 구매해주셔서 감사합니다. **그리고** 말씀하신 요구사항을 처리하는 데는 일주일 정도 걸릴 것 같습니다."

인정하는 법, 누구나 인정받고 싶어 한다

우리 모두에게는 인정받고 싶은 욕구가 있다. 상대가 나를 인정할 때 나 역시 상대를 받아들이고 싶은 마음의 힘이 생긴다. 그렇다면 '인정'은 어떻게 하는 걸까?

인정에는 네 가지 영역이 있다. 상대의 행동 언급, 상대의 행동에 가치 부여, 행동에 따라 상대가 가졌을 생각이나 느낌 전달, 그리고 그것에 관한 내 생각 혹은 느낌 전달이다.

예를 들어 어느 회사에서 해마다 진행하는 프로젝트가 있다고 해 보자. 올해로 프로젝트 10주년을 맞이했고 이 때문에 김 과장은 매일 야근을 하고 있다. 이번엔 항상 진행하던 방식이 아닌 새로운 방식을 시도하기 때문이다. 이럴 때 우리는 어떤 부분을 어떻게 인정할 수 있을까?

김 과장님, 이번 프로젝트를 위해 매일 야근을 하시네요. → 상대의 행동
이번 프로젝트에는 김 과장님의 도전정신과 열정이 가득 담기겠어요. → 상대의 행동에 가치 부여
이번 일을 진행하면서 김 과장님도 적지 않게 두렵고 걱정스러우셨을 텐데 → 행동에 따라 상대가 가졌을 생각이나 느낌
시도하는 김 과장님의 모습이 제게 큰 동기부여가 됐어요. 감동입니다. 많이 느끼고 배웠습니다. → 내 생각 혹은 느낌

이번에는 엄마가 동생을 잘 돌봐준 첫째를 인정하는 상황이다. 친구들이 함께 놀자며 연락했지만 혼자 있으면 심심하다는 동생의 투정에 약속을 다음으로 미루고 동생과 함께 놀기로 했다. 이럴 때 어떤 부분을 인정으로 표현할 수 있을까?

친구들이 놀자고 했는데도 동생과 있기로 했구나. → 상대의 행동
동생을 잘 돌보고 배려하는 마음이 참 기특해, 우리 아들. → 상대의 행동에 가치 부여
친구들과 놀면 더 재미있을 거라고 생각했을 텐데, → 행동에 따라 상대

가 가졌을 생각이나 느낌

엄마는 네가 동생을 항상 아껴줘서 든든하고 고마워. → 내 생각 혹은 느낌

이렇듯 인정 표현을 크게 네 가지 영역으로 세분화할 수 있다. 우선 상대의 행동을 있는 그대로 언급해 상대로 하여금 자신의 행동을 인정받고 있음을 느끼게 해준다. 이어 그 행동에 가치를 부여함으로써 본질적인 부분을 짚어준다. 즉, 그 행동에 담긴 중요한 가치를 표현한다. 그다음으로 그런 행동을 할 때 상대가 가졌을 생각과 느낌을 공감하면서 표현하고, 내 생각과 느낌을 좀 더 확대해서 상대 행동의 영향력을 인정해준다.

네 가지를 항상 전부 표현할 필요는 없다. 상황에 따라 최소한 한 가지 영역이라도 구체적으로 표현해보자. 우리가 원하는 인정은 대단한 것이 아니다. '누군가가 나를 이해하고, 나를 알아준다'는 것으로 충분하다.

당연하다고 생각하면 인정할 게 없다

인정 화법을 강의하다 보면 간혹 참가자들이 이런 어려움을 호소하기도 한다.

"인정할 게 없는데요? 감사할 것도 없고요."

"뭐, 매일 하는 건데 무슨 칭찬을 해요."

"여태껏 안 하고 살았는데 도무지 어색해서…."

혹시 당신도 이렇게 생각하고 있다면 인정으로 시작하기 어려운 이유가 무엇인지 파고들어 가보자. 그렇다. 당연하다고 생각하면 감사할 것도, 인정할 것도 별로 없다. 한때 굉장히 감사하고 의미 있던 순간, 사람, 상황, 장소도 어느 순간 일상이 되면 그저 당연해진다. 아마도 많은 사람이 이런 경험을 해봤을 것이다. 감사했던 것들의 빛이 바래지는 경험 말이다.

나는 아이를 낳을 때 꽤나 고생을 했다. 하루 종일 호된 진통을 겪으면서도 자연분만을 고집하던 나는 양수가 줄어들어 어쩔 수 없이 제왕절개를 해야 했는데 수술을 하더라도 출산 과정을 느끼고 싶어서 하반신만 마취해달라고 요청했다. 이윽고 수술대에 올랐고 잠시 후 몸이 흔들거리더니 뭔가가 쑥 빠지는 느낌이 들었다. 곧이어 간호사가 아이를 내 옆으로 안고 오더니 귀에 대고 속삭였다.

"산모님, 건강한 남자아이예요."

평소 눈물을 잘 흘리지 않는데 그날은 부끄러운 것도 잊은 채 수술실이 떠나가라 꺼이꺼이 울었다. 그 순간 모든 것에 감사했다. 아기가 잠만 잘 자도, 밥만 잘 먹어도, 변만 잘 봐도 그저 감사하고 기뻤다. 그렇게 사소한 모든 것에 감사했는데 지금 아이와 나는 어떤가? 맹렬하게 사춘기를 겪고 있는 고등학생 아들 때문에 조금 과장하면 나는 요즘 팍팍 늙어가는 중이다. 정말이지 너무너무 힘들다. 곰곰 생각해보니 그토록 감사하던 사소한 것들은 어느새 당연한 일상이 되었고, 아이가 해야 할 것은 왕창 늘어나 내 지적과 불만은 갈수록 쌓여갔다.

당신은 어떤가? '이것만 이루면' 더는 바랄 게 없을 것 같았는데 막상 그것을 이루니 시들해졌던 경험이 있는가? 직장을 구할 땐 '합격하기만 하면' 더 바랄 게 없을 것처럼 간절한 마음으로 면접을 본다. 좋아하는 연인을 만날 때는 '이 사람이 내 사랑을 받아주기만 하면' 그 이상 바랄 게 없다는 생각으로 최선을 다해 마음을 전한다.

그런데 우리가 소망하던 모든 것은 시간이 흐르면서 조금씩 처음과 다른 상태로 변화한다. 심지어 원했던 그것이 문제를 일으키는 주요 원인이 되기도 한다. 물론 상황이 처음과 많이 달라졌기에 관점 역시 달라질 수밖에 없다는 것도 어느 정도는 이해가 간다. 중요한 것은 그런 생각은 관계에 도움을 주지 않는다는 점이다. 우리가 당연시하는 것을 다시 한번 돌아보자.

세상에 당연한 것은 아무것도 없다.
당연시하는 순간부터 갈등을 경험하게 된다는 사실을 기억하자.

내 기준으로 판단하면 지적할 게 너무 많다

사실 인정하는 말을 하는 것이 생각처럼 쉽지는 않다. 우리는 각자의 삶에서 획득한 줄자를 가지고 상대를 재곤 하기 때문이다. 그렇지만 꼬리표처럼 달린 '부모니까 또는 자식이니까', '리더니까 또는 팀원이니까', '남자니까 또는 여자니까', '남편이니까 또는 아내니까', '선배니까 또는 후배니까' 같은 기준들을 가지고 소통하면 우리의 마음은 연결에 가까울까, 아니면 단절에 가까울까? 기준은 우리를 서로에게서 멀어지게 한다.

내 기준으로 상대를 보면 모든 것이 한없이 모자라게 느껴질 수밖에 없다. 그러다 보면 입을 열 때마다 지적하는 말만 나온다. 있는 그대로 상대방을 보면서 내가 정해놓은 기준을 내려놓아야 한다. 인정의 말을 할 때 내 잣대는 배제한다. 그래야 훨씬 쉽게 인정의 말을 할 수 있다.

표현할 때의 어색함을 털어내자

표현하지 않으면 알 수 없다. 아무리 좋은 마음도 표현하지 않으면 소용없다. 심지어 표현하지 않은 사랑은 사랑이 아니며, 표현하지 않은 슬픔은 위로받을 자격이 없다는 말도 있다. 그만큼 표현이 중요하다는 뜻이다.

내가 상대를 얼마나 사랑하는지, 얼마나 고마워하는지 말하지 않아도 알겠거니 하지 말자. 상대방은 점쟁이가 아니다. 표현하지 않은 마음을 상대가 알아주기를 바라는 것은 이기적이기까지 하다. 물론 알아줄 수도 있다. 하지만 내가 그러하듯 상대도 늘 사랑과 인정을 확인하고 싶어 한다. 내가 늘 상대가 표현해주길 바라듯 상대 역시 그것을 원한다. 그러니 우리는 표현하기 위해 의지를 가지고 노력해야 한다.

어느 날 나 역시 그런 나를 발견했다. 4년을 함께 근무한 팀장이 있었는데 한번은 해야 할 말만 재빨리 해치우고 속으로 이런 생각을 하고 있었다.

'너는 나를 잘 알잖아, 내가 너에게 어떤 마음인지. 우리가 벌써 몇 년째 함께하는데.'

그렇지 않다. 그건 그저 내 입장에서 본 내 생각일 뿐이다! 상대가 도통한 것도 아닌데 어찌 내 마음을 알겠는가. 밖으로 꺼내 표현하지 않은 마음은 내 안에서만 머물 뿐 상대에게 결코 가닿지 않는다.

얼마 전엔 아이가 내게 이런 말을 했다.

"엄마, 엄마한테 서운한 게 있어요. 엄마, 제가 요즘 늦게까지 열심히 공부하는 거 아시죠? 그렇죠?"

"알지."

아이는 뜸을 들이며 선뜻 말을 꺼내지 못했고 나는 빨리 하던 일을 마무리짓고 싶은 마음에 아이를 재촉했다.

"빨리 핵심만 말해. 엄마 바쁘잖아."

"그러니까… 알고 있으면… 가끔 칭찬 좀 해주세요."

"야, 엄마가 당연히 알지, 왜 몰라. 너랑 거의 매일 같이 있다가 새벽에야 잠이 드는데. 그리고 엄마가 선생님들께 우리 아들 칭찬을 얼마나 하는데."

"에이, 저는 모르잖아요. 저한테도 표현해주세요. 그러면 제가 더 힘이 날 것 같아요. 아니면 힘들 때 조금 서운해져요."

순간 아이가 고맙고 대견했다. '네가 엄마보다 낫구나' 하는 생각이 들면서 '매일 함께하는데 무슨 말이 더 필요해'라고 판단한 나를 반성했다.

사랑할 때 우리는 서로의 마음을 알아도 그것을 확인하고 싶어 한다. 그리고 확인하면 안정감을 느끼면서 사랑이 더욱 깊어진다. 인정도 마찬가지다. '이 정도면 표현하지 않아도 알겠지'는 통하지 않는다. 사랑과 인정 표현은 다시 하고 다시 해도 과함이 없다.

어제 표현한 것은 어제를 위한 것이고
오늘은 또 오늘을 위해 표현해야 한다.

우리는 서툰 표현에 어색해하면서 '이건 원래의 내 모습이 아니잖아', '하던 대로 하는 게 편해', '너무 가식적이야'라고 말한다. 새로운 것에 어색함을 느끼는 건 당연하지만 원래의 내 모습이라는 건 사실 실재하지 않는다. 그저 반복하면서 현재의 내가 형성된 것뿐이다. 처음부터 그런 사람이 아니라 익숙해져 다른 무언가를 시도하기가 어색한 것이다. 새로운 반복으로 내 모습을 새롭게 형성할 수 있다.

변화의 시작은 '다름'을 받아들이는 것이고 그 다름이 어색할 수밖에 없음을 고백하는 것이다. 평소의 나답지 않아 어색하더라도 틀렸다고 생각하지 말고 인정의 네 가지 영역을 자꾸자꾸 시도해보자. 그러면 어느 순간 인정 표현에 익숙해진 나를 발견할 것이다.

한편 인정을 표현하는 것은 표현하는 당사자에게도 도움을 준다. 앞의 사례처럼 무더운 여름날 옷을 정리하지 않은 아이에게 "야! 정리하고 쉬어"가 아니라 "너무 덥지? 시원한 거라도 마셨어? 더운데 걸어오느라 고생했겠네"라고 인정 표현을 하면 다음에 이어질 "치우고 쉬면 더 좋을 텐데"라는 말의 전달력도 달라진다. 이처럼 인정 표현으로 말을 시작할 경우 하고 싶은 말의 강도를 낮춰주고 좀 더 부드럽고 유연하게 만드는 효과가 있다. 그 작은 표현의 힘은 생각보다 아주 크다.

핵심만 전달하는 것이 효과적이다?

우리는 시간을 쪼개 쓰며 바쁘게 살아간다. 직장뿐 아니라 가정에서도 마찬가지다. 무엇이든 빨리빨리 해치우고 싶은 우리는 "그래서 핵심이 뭐야?", "하고 싶은 말을 간단히 해줘", "요점부터 말해줄래?" 같은 말을 자주 사용한다. 핵심만 전달하는 풍조가 생겼고 이를 더 효과적이라고 여기기도 한다. 프로젝트 상세 보고서를 작성하느라 며칠을 투자했는데 정작 팀장은 이렇게 묻는다.

"그래서 되는 거야, 안 되는 거야?"

우리의 마음은 늘 전투태세에 있는 것처럼 날이 서고 여유가 없다. 그런데 결국 일도 사람이 한다. 관계와 마음을 헤아리지 않으면 휘청거리기 마련이다. 사람과 일을 함께 얻으면 '고수', 일만 얻으면 '하수'라는 말이 있듯이 고수가 되길 바라면서 모순적으로 일만 쫓아가지 않았으면 한다.

사적인 관계도 다르지 않다. 마음을 움직여야 내가 가고자 하는 방향으로 가기가 수월해진다. 인정 표현으로 대화를 시작하는 것은 대단히 많은 시간을 요하는 일이 아니다. 그렇지만 그 효과는 생각보다 크고 효율성도 높다. 아직 익숙하지 않아 표현하는 데 시간이 많이 들어 비효율적이라고 느낄 수 있지만 습관화되면 일상 언어처럼 사용할 수 있다.

결과만 보면 인정하기 어렵다

거칠게 요동치며 세차게 내리꽂는 물줄기처럼 아주 빠르게 성장을 해온 우리는 꽤 오랫동안 결과로 말하는 시대를 살아왔다. 그러다 보니 결과에 집착하는 경향이 있고 원하는 결과가 나오지 않으면 의미가 없다는 말까지 듣는다.

물론 노력하고 투자한 만큼 모든 일이 잘되면 좋겠지만 현실은 그렇지 않다. 결과가 좋지 않을 때가 더 많기도 하다. 듣기에 식상하겠지만 과정 없는 결과는 없다. 과정 없는 성장도 물론 없다. 이것은 '팩트'다. 효율성이라는 가치만 맹목적으로 쫓다 과정을 놓치지 말아야 한다. 결국 과정이 결과를 만들기 때문이다.

사람들을 리드해 변화를 이끌어내는 사람을 보면 결과도 중요시하지만 과정도 못지않게 중요하게 생각한다. 설령 결과가 원하는 방향으로 이루어지지 않아도 과정의 가치와 마음을 알아줌으로써 함께하는 이들에게 더욱 동기를 부여하고 마침내 긍정적인 결과를 만들어낸다.

인정도 습관이다

고대 그리스 철학자 아리스토텔레스는 이런 말을 했다.

"우리가 반복적으로 하는 행동이 우리가 누구인지 말해준다. 그러므로 중요한 것은 행위가 아니라 습관이다."

미국 철학자 윌리엄 제임스William James도 "인간 행위의 99퍼센트는 습관에서 나온다"라고 했다. 인정도 습관화하는 것이 가능하며 인정이 어려운 이유 중 하나는 습관이 되지 않아서다. 말을 '예쁘게' 하는 사람은 그것이 습관인 경우가 많고 자주 비난하는 사람 역시 좋지 않은 습관이 형성되었기 때문이다. 인정 표현도 의도적인 반복으로 습관화해야 한다. 생각은 습관을 바꾸고, 습관은 행동을 바꾸고, 행동은 인격을 바꾸고, 인격은 운명을 바꾼다는 말의 첫 글자를 모은 '사습행인운思習行人運'을 기억하자.

잠시 멈추고 질문하기

1. 오늘 우리가 상대에게 한 말을 적어보자. 상대의 마음을 여는 화법으로 표현했는가? 만약 그렇지 않다면 '샌드위치+그리고 화법'을 적용해서 바꿔보자.
2. 인정 표현을 하기 어려운 이유를 찾아 기록하고 56쪽의 예시를 참고하며 인정의 네 가지 영역을 적용해보자.

공감하는 법,
진정한 변화는 공감에서 시작한다

조직에서 공감 능력이 높은 사람은 문제 해결 능력이 뛰어나고 좋은 성과를 낸다. 물론 뛰어난 전략도 필요하지만 모든 일의 시작 단계에서 공감이 적지 않은 역할을 담당한다. 그런데 안타깝게도 시간에 쫓겨 종종걸음으로 앞만 보며 살아온 우리는 '공감 능력'과 '공감 표현 능력'을 제대로 배우지도, 충분히 훈련받지도 못했다. 더구나 공감을 감정에 치우쳐 이성적인 사고를 할 수 없게 만드는 방해 요인으로 보거나, 나약한 사람이나 하는 행위로 치부하기도 한다.

공감의 키워드, 누구에게나 '그럴만한 이유'가 있다

우리는 어떤 일을 접할 때 흔히 비판적 사고에 젖어 옳고 그름을 따진다. 어찌 보면 옳지 않다고 생각하는 일에 마음을 쓰지 않거나 그럴 필요를 느끼지 못하는 것은 당연하다. 그렇기에 옳고 그름이 앞장서면 공감은 시작조차 할 수 없다. 비판적 사고를 막으려면 '그렇게 한 데는 마땅한 이유가 있었을 거야', '그 순간 그 사람에게는 그것이 최선의 선택이었을 거야'라고 인정하는 것이 필요하며, 이는 공감 표현에서 매우 중요하다.

돌아보면 이유 없는 행동은 없다. 생각만 해도 이불 킥을 할 만큼 부끄럽고, 빼저리게 후회되는 행동도 있지만 아마 그 순간에는 그것이 우리의 최선이었을 것이다. 다만 시간이 흘렀기 때문에 혹은 한 발 물러나 다른 상황에서 보니 부끄러워지고 후회가 될 뿐이다. 이처럼 우리의 행동에는 저마다 이유가 있고 설령 그것이 부족해도 그때는 나름대로 최선이었다. 상대방도 별반 다르지 않다. 상대방의 행동도 매 순간 최선이다. 그런데 내가 공감의 중요성을 얘기하면 의외로 걱정하는 사람이 꽤 있다.

"공감을 표현하면 자신이 옳다고 생각할까 봐 그러기가 두려워져요."

이것은 공감과 동의를 구분하지 못하는 데서 오는 두려움이다. 매번 동의할 필요는 없다. 아니, 그럴 수도 없다. 그렇지만 행동의 원인인 '마음'에는 공감을 표현할 수 있다. 상대방 역시 자신의 행동이 동의를 받을 수 없다는 것을 이미 알고 있을지 모른다. 단지 내가 원하는 것, 즉 상대의 마음을 다시 움직이게 하기 위해서는 그렇게 할 수밖에 없었던 그를 온전히 이해해주어야 한다.

누군가가 내 마음을 알아줄 때 우리는 자신의 행동을 이성적으로 돌아보며 그것의 옳고 그름을 스스로 판단하고 뉘우친다. 그럴 때 진정한 변화의 힘이 작용한다. 공감을 두려워하지 말고 적극 표현하길 추천한다. 결국 상대의 마음이 움직여야 내 말이 상대에게 들릴 테니 말이다. 그래야 그다음으로 넘어가는 것이 가능해진다.

다음은 틱낫한 스님의《모든 발걸음마다 평화》에서 발췌한 부분이다. 누구도 탓하지 않는 공감에 대해 깊은 울림을 준다.

심었던 상추가 잘 자라지 않는다고 상추를 비난하는 사람은 없습니다. 다만 잘 자라지 않는 이유가 무엇일지 살필 뿐이지요. 비료가 필요할지, 물을 더 주어야 할지, 아니면 햇빛을 덜 쪼여야 할지 살핍니다. 결코 상추를 비난하는 법이 없지요. 그런데 친구들과 또는 가족과 문제가 생기면, 그들을 비난합니다. 그렇게 하는 대신 그들을 어떻게 잘 보살필 수 있는지 알아낸다면, 그들도 상추처럼 잘 자라날 터인데 말입니다.
비난에는 긍정적인 효과가 전혀 없습니다. 추론과 논쟁을 통해 설득하려 애쓰는 경우에도 긍정적인 효과를 기대하기 힘들지요. 제 경험상으로는 그렇습니다. 비난도, 추론도, 논쟁도 소용이 없고, 오직 이해만이 효과를 발휘합니다. 우선 이해하고, 상대방에게 그를 이해하고 있음을 보여주면, 당신은 사랑할 수 있게 되고, 따라서 상황도 변할 것입니다. 이것이 나의 경험입니다.

공감할 때 주의해야 할 표현

공감이 중요하다는 것을 알지만 적절하게 표현하는 것은 쉽지 않다. 중요성은 알아도 어떻게 해야 할지 모르는 사람, 시도는 해봤는데 예상과 다른 반응에 곤란을 겪은 사람 등 각자의 실패 경험이 있을 것이다. 실제로 공감의 표현이 오히려 역효과를 내는 경우도 있으므로 공감할 때 주의해야 할 표현을 최소한 몇 가지만이라도 알아두는 것이 좋다.

- **무의미한 자기비하**

이해하는 것과 행동하는 것은 분명 다르기 때문에 역할을 바꿔 롤플레잉해보는 것도 의미가 있다. 말로는 이해한다고 해도 행동은 그 반대일 때가 있기 때문이다.

한번은 강의시간에 롤플레잉을 진행했고, 대기업 상무들이 서로 공감 표현을 주고받는 연습을 했다.

"아, 나 오늘 아침에 주차위반에 걸렸어."

"이 사람아, 말도 마. 나는 두 번이나 그랬어."

뭔가 이상하다는 느낌이 들었지만 계속 들어보기로 했다.

"이번에 주식으로 너무 많이 잃어서 잠을 못 잤네."

"그래도 잠은 집에서 잤구만. 나는 거의 쫓겨날 지경이었지. 집을 날릴 뻔했거든."

나는 잠시 중단하고 질문했다.

"공감해주기를 연습하고 있는데 어떠세요? 공감하기가 불편한가요?"

"아, 저는 공감한다고 했는데 잘 모르겠네요. 내 상황이 더 나쁘다고 말하면 상대방이 위로도 받고 공감이 될까 싶었는데 잘된 건지…."

나는 상대방에게 물었다.

"공감을 느꼈나요? 어떠세요?"

"친한 사이라면 공감이 갈 수도 있겠지만, 내 경우는 별것도 아니라는 것처럼 느껴져서 기분이 좀 언짢네요."

우리는 간혹 자신을 불필요하게 낮춰 상대방에게 불편함을 주기도 한다. 학창 시절에 이런 경험을 해본 사람이 있을 것이다. 시험 범위까지 다 공부하지 못하고 잠들어버린 내게 전교 1등 하는 친구가 자신도 공부를 하나도 못했다고 푸념하는 상황 말이다. 이럴 때는 욱하고 '쳇, 어차피 시험을 잘 볼 거면서' 하는 마음이 올라온다. 불필요하게 나를 비하하면 의도와 다른 결과를 얻는다.

- **섣부른 판단과 해결**

"나, 지갑을 잃어버렸어. 정말 속상해."

"어머, 뭐가 들어 있는지 확인해봤어? 먼저 카드부터 빨리 정지해."

위의 대화가 어떤가? 적절히 공감해주는 표현인가? 이번에도 역시 그렇지 않다. 의도는 아마 좋았을 것이다.

"얼른 해결해주고 싶었어요. 도움을 주고 싶어서요."

우리는 누군가를 도와주어 인정 욕구를 채우거나 자신의 존재 가치를 확인하려 한다. 물론 도움을 주는 건 좋은 일이지만 상대가 원치 않는 순간 돕는 것은 오히려 도와주고도 좋은 결과를 얻지 못한다. 자기 기준

대로 판단해 무조건 빠른 해결을 위한 도움을 주려고 하지 말자. 그보다는 그 순간에 집중해서 공감해주는 것이 더 필요하다.

상대의 이야기를 온전하게 경청하면 상대가 실제로 도움을 필요로 하는지 아닌지 알 수 있다. 아마 아까 지갑을 잃어버린 사람이 해결책을 원했다면 이렇게 말했을 것이다.

"나, 지갑을 잃어버렸어. 어쩌지? 어떻게 해야 해?"

내 아들은 초등학생 때 유난히 필기도구에 애착을 보였다. 어느 날 학교에서 친구와 놀다가 친구가 필통을 세게 던지는 바람에 아끼던 샤프가 여러 자루 망가지고 말았다. 아이는 속상한 마음을 참고 참다가 저녁 늦게 퇴근한 나를 만나자마자 닭똥 같은 눈물을 흘렸다.

"친구가 내 샤프를 다 망가뜨려서… 흑흑."

우는 아이를 얼른 달래주고 문제를 해결해야겠다는 마음이 앞선 나는 그만 이렇게 말했다.

"울면 너만 더 속상해지지. 잘 생각해봐. 지금 친구는 네 샤프 망가뜨린 건 다 잊고 신나게 놀고 있을 거야. 이렇게 울면 우리만 속상하지?"

내 말을 들은 아이는 버럭 짜증을 냈다.

"엄마는 정말! 저도 알아요, 울면 나만 손해라는 거! 근데 저는 지금 속상하다고요."

아이는 운다고 해결되지 않는다는 걸 이미 알고 있었다. 다만 그 순간 자신의 속상한 감정을 이해하고 받아줄 엄마가 필요했을 뿐이었다.

- **무조건적 응원과 위로**

나와 오랜 기간 상담을 진행해온 운동선수가 있다. 한번은 어찌된 노릇인지 평소보다 성적이 잘 나오지 않아 이유를 물어봤다. 알고 보니 시합이 다가와 점점 불안이 커지고 있는 상황에서 감독의 말이 선수를 더 초조하게 만들었던 것이다. 사실 감독은 선수를 응원했다.

"잘할 거야. 지금까지 잘했잖아. 나는 네가 최고라는 걸 알아."

과연 그가 감독의 말에 공감했을까? 아니다.

'아, 뭐 매번 잘할 거래. 지금 안 되고 있는데 무슨 말이야. 이게 무슨 최고라는 거야.'

평소라면 자신을 전폭적으로 믿어주는 감독이 고마웠겠지만 그저 자신의 초조함을 알아주었으면 했던 그 순간에는 그렇지 않았다.

- **무관심 또는 무반응**

"원장님, 저는 상대가 울면 너무 미안하고 마음이 아픈데 도무지 어떻게 해야 할지 몰라 가만히 있게 돼요."

마음은 있는데 표현 방법을 몰라 문제가 발생하기도 한다. 그런데 표현하지 않으면 상대는 더 오해할 수 있다. 무반응은 곧 무관심을 뜻하기 때문이다.

그렇다면 공감을 어떻게 표현하는 것이 좋을까? 이미 관계를 잘 형성했다면 어떻게 표현하든 좋은 의도로 받아들일 확률이 높다. 하지만 그렇지 않은 경우에는 그저 상대방과 함께 그 순간의 감정에 머물러주는 것이 좋다. 그렇게 하면 상대방은 다시 스스로 힘을 내거나 해결 의지를 보이며 내게 무언가를 요청할지도 모른다. 이때 간단한 공감 표현 방법 중 하나가 상대의 표정과 말을 따라하는 것이다.

상대의 표정과 말을 따라한다는 것은 무얼까? 말 그대로 상대의 표정을 잘 읽고 긍정이든 부정이든 그 표정을 거울처럼 반영하며, 선부른 말로 실수를 범하기보다 상대의 말을 단순 반복함으로써 '내가 당신을 알아주고 함께하고 있다'는 걸 알려주는 것이다.

누군가 나를 알아주는 것, 그 순간을 나와 함께하는 것은
그 어떤 화려한 언변이나 전문적인 해결책보다 효과적이다.

어쩌면 상대가 원하는 것은 그저 자신을 알아주고 그 순간을 함께 해달라는 것이 전부일지도 모른다. 누군가 힘들어한다면 함께 힘든 표정을 지으며 "너무 힘들구나"라고 한마디만 해주자. 그것이 공감의 시작이다.

잠시 멈추고 질문하기

1. 내 공감 표현 정도는 10점 만점 중 몇 점인가?
2. 나는 주로 어떤 공감 표현을 하는 편인가? 최근 내가 한 공감 표현을 살펴보고 만약 '주의해야 할 표현'에 해당한다면 가장 기초적인 상대의 표정과 말을 따라 해보는 것으로 바꿔보자.
3. 공감을 받지 못했던 적이 있나? 그 순간 내가 진짜로 원했던 것은 무엇이었는지 생각해보자.

시선 전환법,
상대와 상황을 다르게 보는 비결

지금껏 우리는 소통에 마음 연결이 중요하고, 이는 인정과 공감으로 시작한다는 것을 살펴보았다. 그럼 이제 현재 나의 인정 표현 능력과 공감 표현 능력을 본격 점검해보자. 다음 두 가지에 주의하면서 평가해본다.

- 깊이 생각하지 말고 언뜻 떠오르는 것이 가장 솔직한 내 모습이다.
- 일상을 함께하는 가까운 대상, 즉 가장 편안한 내 모습을 볼 수 있는

대상을 떠올리면서, 의식적으로 감정을 쓸 때가 아니라 그 대상을 대하는 평소의 내 모습을 말해보자.

상황은 이렇다. 상대방이 "아, 너무 힘들어. 요즘 왜 이렇게 되는 일이 없지?"라고 말할 때 당신은 어떤 생각이 들고, 어떤 태도를 취하는가? 혹시 이렇게 말하고 있지는 않은가?

"왜 또 그래? 뭐가 문제야?"

"힘들어한다고 해결이 되니?"

만약 마음의 여유까지 없다면 인정과 공감은커녕 비판의 말이 나오기 쉽다. 비판의 목적은 옳고 그름을 판단하는 것이기에 그 뒤에는 반드시 질책, 지시, 강요가 뒤따르게 된다. 이는 마음 연결을 방해하는 주요 요인이다.

그리고 또는 이렇게 대처하지는 않은가?

"그러니까 더 힘들지 않으려면 이렇게 하란 말이야. 뭐가 더 효율적인지 잘 생각해봐!"

"네가 힘든 이유가 뭐냐면 말이지."

힘들다고 호소했는데 상대가 이런 반응을 보인다면, 더구나 그 상대가 가까운 사람이라면 어떤 기분이 들까? 과연 저 말이 도움이 될까?

어쩌면 마음 연결이 충분히 잘 되어 있는 상태를 전제로 한다면 도움이 될 수도 있다. 하지만 현실적으로 말하자면 '무슨 의도인지는 알겠는데 말을 꼭 그렇게 해야 하나'라는 서운함을 불러일으킨다. 실제로 도움을 줄 만한 말일지라도 정답 같은 말은 상처를 남기고 단절을 가지고 온다.

어린 시절 나는 어머니가 서운해할 정도로 아버지와 가까운 사이였다. 하지만 지금의 나는 의도치 않게 지적을 잘하는 딸이 되었다. 아버지는 손재주가 좋고 모든 것을 정성으로 돌보시는데, 취미 생활로 아파트 베란다를 화원이나 농원처럼 가꾸신다.

하루는 세 딸이 부모님 댁을 방문했는데 문을 열고 들어가자 가만히 앉아 있던 아버지가 벌떡 일어나시더니 꽃 앞에서 계속 서성였다. 아버지는 왜 그러신 걸까? 사실 나는 아버지가 무엇을 바라는지 알고 있었다. 바로 칭찬과 인정을 받고 싶었던 것이다. 두 언니는 천연덕스럽게 칭찬의 말을 건넸다.

"와, 아빠가 키우면 죽어가던 꽃도 살아난다니까. 정말 예쁘다. 대단해, 우리 아빠!"

까다로운 막내딸은 알면서도 오히려 이렇게 마음먹었다.

'나는 칭찬하지 않을 거야. 대체 어른이 무슨 아이 마냥 칭찬을 받고 싶어 하는 거야.'

그러고는 얼음장 같은 말을 내뱉었다.

"아빠, 아빠가 좋아서 가꾸는 꽃이잖아. 근데 왜 칭찬을 받고 싶어 해? 이해가 안 되네. 더구나 난 꽃을 좋아하지 않아."

참 못난 딸이었다. 그러던 어느 날 문득 아주 친했던 아버지와의 관계가 그리워졌다.

'어릴 땐 늘 엄마보다 아빠가 더 좋다고 했는데 왜 지금은 늘 아빠를 못마땅해하며 지적만 하는 걸까?'

안타까운 마음이 들어 하루는 정말 아무 말도, 아무런 판단도 하지 말자고 작정했다. 사실 꽤 힘들었다. 불쑥불쑥 올라오는 판단의 말과 차가운 말들을 참는 것이 그렇게 어려울 수가 없었다. 그러다 어느 순간 말보다 어떤 사실과 감정이 올라왔다.

할아버지가 일찍 세상을 떠나셔서 학업도 제대로 마치지 못하고 소년가장이 된 아버지는 어려서부터 지게를 지며 가족들의 생계를 책임졌고 어른들 틈에서 힘든 일을 해야 했다. 그런 아버지가 나이가 들어 가족에게 인정받고 싶어 하는 것이 뭐가 문제인가. 어린 시절에 받지 못한 인정과 칭찬을 지금이라도 내가 해줄 수 있으니 오히려 고마운 일인데 나는 내가 생각하는 '어른의 기준'만 따지면서 아버지를 어른스럽지 않다고만 생각했다. 그러다 보니 아버지에게 짜증이나 화를 내기도 하고 버릇없는 말도 스스럼없이 했다. 나아가 내가 누리는 환경을 지극히 당연한 것으로 여겼다. 아버지가 성실히 살아오지 않았다면 지금 나는 경제적인 어려움 속에서 살았을지도 모른다.

새로운 자각이 움튼 지 얼마 안 가 두 가지가 눈에 들어왔다. 아버지의 키가 너무 작아졌다는 것과 머리카락도 많이 빠졌다는 것이었다. 아버지는 잘생겼고 그 시대 어른치고 키도 작지 않았는데 어느새 키도 줄어들고 외모도 많이 바뀌었다. 속상하고 마음이 아팠다. 그리고 왜 아버지가 그토록 가족의 칭찬과 인정을 원했는지 깨달았다. 이제 나는 아버지가 꽃 앞에서 서성이실 때면 적어도 이 정도 반응을 보일 정도로 변했다.

"아이고, 알았어요. 예쁘네, 예뻐. 역시 우리 아빠야."

부족하기만 한 딸의 박한 칭찬에도 기분이 좋은지 아버지는 미소를 지었다. 더 놀라운 사실은 인정 욕구가 하나둘 채워지자 아버지는 비로소 내가 생각하던 '어른'의 모습을 보이셨다는 점이다. 이제 더는 꽃 앞에서 서성이지도 않으시고 우리가 "와, 정말 예쁘네. 아빠, 정말 대단해!"라고 해도 그저 이렇게 말씀하는 것이 전부다.

"너희들이 예쁘다고 하니 그걸로 되었다."

판단에서 관찰로의 시선 전환

나는 분명 소통을 원하는데, 왜 마음과 달리 쉽게 되지 않는 걸까? 이제 마음 연결을 돕는 시선 전환법을 살펴보자. 바로 '판단'에서 '관찰'로의 전환이다.

우리는 의도적이든 아니든 사람이나 상황을 순식간에 판단하는 것에 능하다. 마치 몸에 스캔 시스템이라도 달린 듯 자동반응을 한다. 판단이 무조건 나쁘다는 것은 아니다. 실제로 빠른 판단은 일의 성과를 높이고 실패를 줄여주기도 한다. 하지만 적어도 소통을 위한 마음 연결에서는 판단 이전에 먼저 있는 그대로를 바라보는 관찰의 시선이 필요하다. 판단의 시선을 가지고 있으면서 연결되기란 쉽지 않다. 판단은 관찰 다음에 해도 늦지 않다.

학창시절에 관찰일지를 써본 적이 있지 않은가. 개구리 해부 실험을 할 때 쓰는 관찰일지에는 개구리 해부 과정이나 그 결과를 있는 그대로 가감 없이 쓴다. 관찰의 시선도 이와 비슷하다. 마치 사진 촬영을 하듯 객관적이고 구체적으로 묘사하는 시선을 말한다. 관찰에는 판단이나 의견이 들어 있지 않기에 상대를 향한 비난의 의도가 전혀 없다. 이는 아주 중요하다. 왜냐하면 우리는 누군가 나를 비판하거나 비난하려 할 때 공격 혹은 저항태세를 갖추기 때문이다. 만약 공격하거나 저항할 힘이 없으면 도피하기도 한다.

왜 관찰의 시선으로 시작하는 것이 중요할까?

바로 시선 뒤에 따라오는 마음 때문이다.

아이가 어릴 적 유치원에 등원하는 중이었다. 우리 앞에는 빨간 가방과 파란 가방을 멘 두 아이가 걸어가고 있었다. 순간 나는 '촌스러워'라는 생각과 이어서 '엄마가 센스가 없네'라는 생각이 들었다. 당시 파스텔 톤이 고급스럽다는 이미지가 있었기 때문인데 아이는 나와 달리 이렇게 말했다.

"엄마, 저 애들 좀 봐. 파란색이랑 빨간색 가방을 멨어. 태극기 같다! 우와, 신기해!"

아이는 나와 같은 광경을 보았지만 마음 연결은 달랐다.

관찰 시선을 적용하면 관찰한 바에 따라 관심과 호기심이 생기고, 서로를 연결하는 마음이나 상대를 향한 연민으로 이어진다. 반면 판단 시선을 적용할 경우 판단에 따른 비난과 비판이 이어지고, 이는 지시와 강요를 낳는다. 사람을 대할 때 호기심은 매우 중요한 요소다. 오죽하면 "호기심 많은 아이는 즐겁고 답이 많은 어른은 답답하다"는 말이 있을까!

또 한번은 이런 경험을 한 적이 있다. 한 대기업에서 하루 종일 강의를 진행하는 날이었고 주최 측에서 교육실 근처에 다과를 마련했다. 그런데 다과 차림이 평소와 달랐다. 귤이 그릇에 담겨져 있는 것이 아니라 상자 채로 놓여 있었다. 만약 관찰의 시선으로 보지 않고 쉽고 익숙한 판단의 시선으로 봤다면, '이건 뭐지? 정말 성의가 없네. 혹시 강의를 하찮게 보는 건가?'라고 생각했을지 모른다. 기분이 상해 겉으로는 교육을 매끄럽게 진행해도 무언가 마음에 아쉬움이 남았을 것이다. 다행히 내 시선은 관찰에 있었고 그에 따라 관심과 호기심이 생겼다.

'아침에 바빴나? 담당자가 손이 크네. 참석자들이 귤을 많이 좋아하나?'

유연한 시선 덕에 그 상황을 강의 중에 활용하기도 했다.

"여기 와서 보니 역시 대한민국을 이끌어가는 기업은 다르더라고요. 다과 세팅부터 통 크게 상자로 하네요."

이렇게 다 같이 한바탕 웃으며 유쾌하게 강의를 시작하니 반응도 좋았고 예상대로 만족도도 아주 높았다.

어린 시절을 한번 떠올려보자. 그때는 이것저것 따지지 않고 친구를 그냥 친구로만 보았기에 상대적으로 관계 맺기가 쉬웠다. 그러다가 커갈수록 시선에 점점 기준이 생기면서 상황이 달라졌다. 예를 들면 자기 나름의 기준을 만들어 잘사는 친구와 못사는 친구, 공부를 잘하는 친구와 못하는 친구를 구분한다. 일단 기준이 생기면 두루두루 쉽게 친해지던 것에서 벗어나 편을 가르고 마음으로 저울질을 한다. 그 순간부터 우리는 판단의 시선을 길러오고 있었는지도 모른다. 더구나 경쟁이 치열한 현대를 살면서 우리는 더 빨리 판단하고 분류해야 했고 그것을 소위 능력으로 인정하다 보니 어느새 당연한 것으로 여기고 있다.

오늘 하루, 나의 시선이 어땠는지 적극 살펴보자. 그러면 내가 얼마나 많은 판단과 비판을 자동적으로 하고 있는지, 그것이 마음 연결을 얼마나 방해하고 있는지 어렵지 않게 알 수 있다.

더구나 비판은 자기 자신에게도 부정적인 영향을 미친다. 식물을 기를 때도 욕을 듣고 자란 식물과 음악을 듣고 자란 식물은 성장이 다르다. 앞의 식물은 제대로 발육하지 못하지만 좋은 음악을 듣고 자라면 발육 상태가 매우 좋다. 부정적인 말은 상대를 향해서 뱉는 것이지만 그 마음의 시작은 나 자신이고 그 말을 가장 먼저, 가장 많이 듣는 사람도 나 자신이라는 점을 기억해야 한다. 이는 계속해서 나 자신에게 부정적인 시선을 던지는 것과 같다.

'있는 그대로 보기!'

이것은 자기 자신에게도 적용해야 하는 매우 중요한 시선이다. 이제 관찰로 시작하는 시선 표현법의 예시를 한번 보자. 관찰의 말은 다음처럼 보고 듣고 겪은 것을 있는 그대로 묘사한다.

당신은 너무 권위적이야! → 판단의 말

당신이 '절대 안 된다'는 말을 했을 때 → 관찰의 말

정말 이기적이구나. → 판단의 말

네가 '그건 내가 알 바 아니야'라고 하는 말을 들었을 때 → 관찰의 말

나를 무시했을 때 → 판단의 말

'네가 하는 일이 늘 그렇지, 뭐'라는 말을 했을 때 → 관찰의 말

'판단의 말'을 보면 우리는 자신이 직접 듣고 보고 겪은 것보다 그동안의 경험이나 의견, 기준 등을 적용해 비난이나 비판을 하거나 자신의 생각 속에 빠져 있음을 알 수 있다. 그러므로 판단의 사고가 올라올 때 실제로 경험한 사실만 생각하면서 여기에 집중해서 표현하려는 노력을 해야 한다. 이때 상대가 한 말을 그대로 따라 반복하는 것이 도움이 된다. 더 객관적이고 사실적인 접근을 할 수 있을 뿐 아니라, 상대에게도 자신이 한 말을 상기시켜 상황을 객관화할 수 있게 한다.

다음 그림을 보자.

무엇이 보이는가? 관찰의 시선으로 보느냐 아니면 판단의 시선으로 보느냐에 따라 책상, 의자, 서류, 휴지통 등이 있는 그대로 보일 수도 있고, 서류로 뒤덮인 책상과 엎어진 휴지통을 보고 피로함, 과도한 업무 등을 떠올릴 수도 있다.

어떤 말이 떠오르는가? '책상 위에 많은 서류가 쌓여 있다', '휴지통이 엎어져 있다' 등의 말이 떠오른다면 관찰의 말로 있는 그대로를 표현하는 것이다. 반면 '정말 지저분하고 게으른 사람이네', '왜 이렇게 자기관리를 못하지?' 등의 말이 떠올랐다면 판단의 말이 앞선 것이다.

내 안에서 일어나는 생각도 관찰 대상이다

우리 내면에서 일어나는 생각은 객관적일까? 흔히 꽤 그럴 거라고 생각하지만 실은 그렇지 않다. 어떤 생각을 강하게 할수록 우리는 그것을 반복하면서 마치 그 생각이 사실인 것처럼 착각한다. 그래서 일단 생각을 굳혀버리면 모든 것이 생각한 대로만 보인다. 이런 이유로 생각과 판단에 끌려갈 때는 잠시 멈추고 돌아봐야 한다. 생각은 사실이 아니다. 거듭 말하지만 판단이 무조건 나쁘다는 것은 아니다. 다만 소통할 때는 관찰의 시선을 적용하고 그다음에 판단을 해야 상대에게 좀 더 도움을 주는 방향으로 전달할 수 있다.

듣기 역시 먼저 있는 그대로 상대의 말을 듣고 난 이후에 판단해도 늦지 않다. 온전히 들을 때 우리는 상대의 의도를 더 잘 이해할 수 있다. 때론 들어주는 것만으로도 문제를 해결할 수 있고 잘 들으면 상대의 말에서 해답을 얻기도 한다. 마종하 시인의 〈딸을 위한 시〉는 관찰의 시선을 잘 표현했다. 시를 함께 읽으며 어릴 적 관찰의 시선으로 세상을 바라보았던 순수함을 회복할 수 있기를 바란다.

한 시인이 어린 딸에게 말했다.
'착한 사람도, 공부 잘하는 사람도 다 말고
관찰을 잘 하는 사람이 되라고
겨울 창가의 양파는 어떻게 뿌리를 내리며
사람들은 언제 웃고, 언제 우는지를.
오늘은 학교에 가서
도시락을 안 싸온 아이가 누구인지 살펴서
함께 나누어 먹기도 하라고.'

잠시 멈추고 질문하기

1. 오늘 하루 내가 한 말과 생각을 적어보자. 관찰이 많은가, 판단이 많은가?
2. 판단의 말을 관찰의 말로 바꿔보자.
3. 소통이 어려운 대상을 떠올려보자. 그 대상에 대해 떠오른 생각이 있었다면 그것이 객관적인 것인지 살펴보자.

화 다스리는 법, 화는 어디에서 오는가

우리는 왜 화가 날까? 화가 나면 상대와 마음을 연결하기가 매우 어렵다. 연결은커녕 생각지도 않던 말과 행동을 한 뒤 땅을 치며 후회하기 십상이다. '화'가 어디에서 비롯되는지 알면 '생각의 전환'을 통해 마음 연결을 시도할 수 있다.

대체 왜 화가 날까?

'내가 맞다'라는 강한 생각

여러 번 반복해서 말하지만 관계 맺기는 우리가 서로 다르다는 것을 인정하는 것에서 시작한다. 그런데 '내가 맞다'는 생각이 강할수록 다른 사람의 생각이나 상황을 '다르다'가 아닌 '틀렸다'로 받아들이며 심지어 상대를 비판 혹은 비난한다. 그럼에도 불구하고 관계가 맺어지기도 하는데 이는 온전한 연결이라기보다 어떤 목적이나 이유로 이뤄지는 것이기 때문에 그 목적과 이유가 사라지면 관계도 무의미해진다.

한번 생각해보자. 정말 내가 맞을까? 물론 법적으로 옳고 그름이 분명한 것도 있고 정답이라 할 만한 진리도 있지만 지금은 보편적이고 일반적인 기준만 보자. 과연 '맞다'라고 할 수 있는 것은 얼마나 있을까?

자기 기준으로 본 '맞다'는 오로지 자기만의 기준이므로 당연히 상대에게 받아들여지기 어렵다. 그 기준을 상대의 입장에서 생각해보고 상대가 '나와 다를 수도 있음'을 인정하면 내 생각을 주장하기보다 상대의 입장을 질문함으로써 더 넓은 범위에서의 마음 연결을 시도할 수 있다.

'이 정도는 기본'이라는 생각

이런 생각은 기본에 못 미치는 상황과 사람을 이해하기 어렵게 만든다. 또한 기본을 당연히 지켜야 한다는 인식은 화를 경험하게 한다. 문제는 이 또한 상황을 고려하지 않고 어떤 기준으로만 본 편협한 생각일 수 있다는 점이다.

어느 날 한 직원이 출근시간이 지난 뒤 숨을 헐떡거리며 뛰어왔다. 그 광경을 본 나는 '지각'이라는 사실에 화가 났다. '사회생활에서 출근시간을 지키는 것'은 기본 중의 기본이라 생각했기 때문이다. 내 얼굴에는 짜증이 가득했고 그럴 만한 이유가 있던 직원은 내게 서운한 기색이 역력했다. 출근하기 위해 탄 버스가 고장이 났는데 하필 한적한 도로에서 사고가 나 많은 사람이 한꺼번에 택시를 잡느라 전쟁을 치렀으니 그럴 만했다. 더구나 뒤에 오는 버스의 배차 간격마저 원활하지 않아 발만 동동 굴러야 했다. 직원의 입장에서 지각은 불가피한 것이었다. 느닷없는 사고에 그렇지 않아도 당황스러워 미칠 지경인데 회사에 들어서자마자 짜증이 가득한 내 얼굴을 보았으니 직원이 속상해하는 것은 당연했다. 그런 상황에서는 내가 무슨 말을 한들 온전히 전달되기 어렵다.

우리는 의외로 '기본' 혹은 '상식'이라는 말을 자주 사용한다. 그러면서 거기에 미치지 못하는 사람을 혐오하거나 비하한다. 물론 내 생각과 말이 정말 기본일 수도 있지만 한 번 더 생각해봐야 한다. "너는 기본도 안 되는 사람이야"나 "이건 상식에 벗어난 경우야" 등 비난으로 시작하는 말은 상대의 근본을 공격하기에 절대 상대에게 동의를 얻을 수 없다. 이 경우 내가 바라는 대로 메시지를 온전히 전달하는 것은 불가능하다.

내 욕구에만 강하게 집착할 때

사람은 누구에게나 욕구가 있다. 욕구에 대해서는 5장에서 더 자세히 다룰 것이다. 욕구를 충족하지 못해서 생긴 감정의 불편함은 갈등을 겪는 주된 이유 중 하나다. 이때 중요한 것은 자기 욕구에 강하게 집착할수록 화를 경험한다는 점이다. 욕구는 누구에게나 있다는 것, 그러므로 각자 원하는 것이 다를 수 있음을 인정해야 하고, 상대의 욕구를 배려해야 한다.

'내가 다 알고 있다'는 착각

간혹 우리는 내가 가진 정보가 전부라고 착각해 그것을 잣대로 상대를 판단하다가 불통을 경험한다. 실은 정보에 쏟을 수 있는 내 에너지도, 정보를 수용할 수 있는 내 공간도 한계가 있기에 우리는 쏟아지는 많은 정보 속에서 자신의 기준에 따라 어떤 것은 받아들이고 또 어떤 것은 무시한다. 설령 같은 상황을 겪고 있더라도 서로 다른 정보를 받아들일 수 있다는 것이다. 그렇기에 우리는 '다 알고 있다'는 전제를 삼가야 한다. 오히려 '다 알 수 없다'를 전제로 하면 화라는 절정의 감정을 피할 수 있다.

단정의 마침표보다 호기심의 물음표로

'내가 맞다', '이 정도는 기본이다', '나를 무시한다', '나는 다 알고 있다'같이 단정의 마침표로 생각이 끝나면 마음 연결을 하기 어렵다. 단정하려는 마음이 생길 때는 그 단정의 마침표를 호기심의 물음표로 바꿔보자. 내가 틀릴 수도 있다는 열린 가능성을 염두에 두라는 말이다. 단정을 짓기보다 다음 네 가지 질문을 던져봐야 한다.

- 상대가 나와 다를 수 있음을 인정하지 않고 내 기준만 맞다고 생각하는 것은 아닐까?
- 상대의 상황을 고려하지 않고 내 기준으로만 기본이 안 됐다고 생각하는 것은 아닐까?
- 내 욕구에만 집중하는 것은 아닐까? 상대의 욕구는 무엇일까?
- 내가 다 알고 있다고 착각하는 것은 아닐까?

'왜?'라는 질문을 던지며 자신을 돌아보면 우리는 화라는 감정에서 벗어나 상황을 좀 더 유연하게 바라볼 수 있다. 그러면 상대에게 한 걸음 더 다가가는 것이 가능해진다.

대세에 지장이 없다면

우리는 간혹 누군가의 이야기를 듣거나 어떤 상황에 놓일 때 그것을 받아들이거나 거부해야 한다는 두 가지 관점 앞에 선다. 그럴수록 우리 내면에 내가 옳다는 생각이 더 강하게 나타난다. 어떤 식으로든 상대가 틀렸음을 보여주기 위해 사실을 왜곡하기도 한다. 자신의 생각을 쉽게 포기하려 하지 않으려는 관성 때문이다.

하루는 내가 여간해서 화를 내지 않는 친구에게 물었다.

"너는 어쩌면 그렇게 천하태평이니? 정말 화가 안 나?"

친구는 간단하게 대답했다.

"뭐, 대세에 크게 지장을 주진 않잖아. 그런 걸로 이러쿵저러쿵 따지는 게 뭐가 중요해. 서로 감정만 상할 뿐인데."

순간 나는 큰 깨달음을 얻었다. 우리는 일상생활에서 지나치게 옳고 그름을 따지며 감정의 널을 뛴다. 대개 자기 잣대로 상대를 시시콜콜 판단하며 그걸 진실이라 여기지만 따지고 보면 내 생각에 불과한 것에 휘둘리면서 부정적인 감정만 더할 뿐이다.

사실 지나고 보면 대체로 별일이 아니다.
그러므로 정말 대세에 큰 지장을 주지 않는 것이라면
받아들여보는 것이 어떨까?

받아들일 때 우리는 암묵적인 부담감에서 벗어나는 것은 물론 상대를 그저 있는 그대로 바라보는 여유를 경험할 수 있다.

잠시 멈추고 질문하기

1. 내가 주로 화를 경험하게 되는 때는 어떤 순간인가? 그때 내게는 어떤 사고가 강하게 작용하는가?
2. '화'라는 감정이 느껴질 때 단정의 마침표보다 관심과 호기심의 물음표로 전환하는 훈련을 해보자. 화가 났을 때 떠올린 단정의 생각을 적어보고, 이를 호기심의 네 가지 물음으로 바꾼 뒤 마음의 변화를 살펴보자.

3장

정교하게 다듬는 소통의 핵심 기술

나는 햇살 같은 사람인가,

그늘 같은 사람인가.

비언어적 표현의 중요성

소통을 얘기할 때 빠지지 않고 나오는 말이 바로 '쌍방향 의사소통'이다. 반대로 함께 대화하고 있으나 잘 전달되지 않는 현상을 두고는 독백 같은 일방적인 전달이라고 말한다. 다시 말해, 그것은 전달에 불과하지 소통은 아니다. 소통에는 무엇보다 서로의 생각과 뜻을 주고받는 쌍방향 상호작용이 중요하다. 그러면 쌍방향 소통의 기본 요소에는 무엇이 있을까?

메시지를 전달할 때 우리는 말, 동작, 목소리, 눈 맞춤, 몸의 방향 등 여러 가지 경로를 이용하며, 이는 크게 언어적 경로와 비언어적 경로로 구분할 수 있다. 다양한 언어 전달 수단을 퍼센트로 수치화해서 볼 때 언어적 경로와 비언어적 경로, 각각의 비중은 얼마나 될까? 많은 사람이 언어적 경로가 높은 비중을 차지할 것이라 예상하지만 실제 수치를 보면 그렇지 않다. 캘리포니아 대학 심리학 교수 앨버트 머레이비언이 발표한 '머레이비언의 법칙the rule of Mehrabian'에 따르면 언

| 머레이비언의 법칙 |

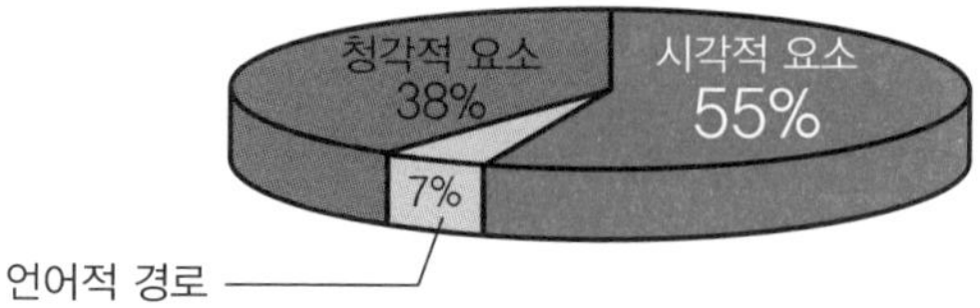

어적 경로가 7퍼센트, 비언어적 경로가 93퍼센트를 차지한다. 이 중 비언어적 경로를 다시 나눠보면 청각적 요소가 38퍼센트, 시각적 요소가 55퍼센트다.

이처럼 우리는 단순히 대화 내용으로만 메시지를 전달하지 않는다. 사실 말이 차지하는 비중은 매우 적으며 시각과 청각 요소가 메시지를 더 크게 좌우한다. 실제로 우리는 다툰 뒤 종종 이런 말을 한다.

"네가 무슨 말을 했는지 정확히 기억은 나지 않지만 그때 네가 나를 쳐다보는 느낌이 정말 기분 나빴어."

이는 상대의 말보다 비언어적 요소의 느낌을 더 많이 기억한다는 의미다. 또한 같은 조건이라면 목소리가 상대적으로 좋은 사람의 메시지가 더 신뢰도가 높고 설득력도 강하다. 한번은 여성 재소자들을 위한 강의를 몇 개월간 진행한 적이 있다. 처음 경험하는 상황이었기에 당시 나는 강의 내용은 물론 시각적 이미지에도 굉장히 신경을 썼다. 우선 복장부터 고민이었다. 기업에서 워크숍을 진행하는 것이었다면 평소처럼 전문가다운 복장을 선택했겠지만 이번에는 크게 이질감이 느껴지지 않도록 검은색 운동복을 택했다. 그리고 이론 교육이 아닌 몸으로 자신을 느끼고 이로써 자존감을 형성하기 위한 요가 스트레칭을 함께 구성했다. 결과는 염려와 달리 만족스러웠다. 자칫 내 의도가 잘못 전달될지도 모른다는 불안감은 생각보다 빨리 사라졌고 그들이 나를 바라보는 시선도 내가 이전에 경험한 것과 그리 다르지 않았다.

말만 잘한다고 소통의 달인이 되는 것은 아니다. 소통의 달인은 비언어적 표현에도 신경을 많이 쓴다. 어떻게 하면 비언어적 경로로 상대의 호감을 얻고 오해를 사지 않으면서 내 메시지를 온전히 전달할 수 있을까?

얼굴 표정

얼굴 표정은 흔히 '영혼의 언어'라고 한다. 한번은 무용을 가르치는 한 원장님이 이렇게 말했다.

"표정이 없으면 무용은 그저 스포츠에 불과해요."

무용이 예술이 될 수 있는 것은 몸의 움직임으로 전하는 메시지의 끝에 표정이 더해지기 때문이라고 했다.

나는 피겨스케이팅 김연아 선수가 기술 부문뿐 아니라 표현력에서도 세계 최고였다고 생각한다. 짧은 순간이었지만 우리는 그녀의 표정만으로도 그녀가 무엇을 표현하고자 하는지 느낄 수 있었다. 영혼의 언어를 예술로 승화한 그녀의 표현력과 전달력은 정말 대단하다.

나는 평소 주위 사람들에게 이런 말을 자주 들었다.

"일할 때면 말을 붙이지 못하겠어요."

그럴 때마다 억울한 마음이 컸던 나는 이렇게 대꾸했다.

"그냥 말해! 내가 화를 내기라도 하니?"

때로는 기분이 상해 은근히 상대를 공격하기도 했다.

"혹시 네가 잘못한 게 있어서 그런 것 아냐?"

몇 번 반복해서 이런 일을 겪자 신경도 쓰이고 답답하기도 해서 나는 일하다가 문득 거울에 내 얼굴을 비춰보았다. 그 순간 깜짝 놀랐다. 거울에 엄청나게 사나운 표정의 호랑이 한 마리가 보이는 것이 아닌가. 이러니 내게 말을 거는 게 쉬울 리 없었다. 갑자기 주변 사람들에게 미안해졌다. 내가 존재하는 것 자체로 무게감과 불편함이 생겼을 거라는 생각에 이후로는 중간중간 거울을 보는 훈련을 하고 있다. 당신은 지금 어떤 표정을 하고 있는가? 거울을 들어 한 번 확인해보자. 혹시 당신의 거울 속에도 불만과 짜증이 가득한 누군가가 있을지 모른다.

소통할 때 얼굴 표정은 마음 연결에 커다란 영향을 준다. "네 얼굴만 봐도 알겠다", "네 표정을 보니 벌써 말하기가 싫어진다"처럼 말보다 표정으로 먼저 전해지는 메시지의 비중은 생각보다 크다. 나는 특히 두 가지에 중점을 두는데 그것은 바로 눈 맞춤과 입꼬리 모양이다.

눈 맞춤

우리는 대화에서 눈 맞춤이 매우 중요하다는 것을 잘 알고 있다. 그런데 눈을 맞춘다는 건 그저 상대의 눈을 바라보는 것으로 그쳐서는 안 된다. 눈빛의 느낌을 꼭 확인해봐야 한다. 왠지 기분 나쁜 느낌을 전달하는 경우도 있기 때문이다. 어쩐지 상대가 나를 판단하는 듯하거나 눈빛 속에서 은근하게 비난이 느껴진다면 소통이 잘될 리 만무하다.

좋아하는 것을 바라볼 때 우리의 눈빛은 어떠한가? 분명 따뜻하고 여유롭고 빛이 날 것이다. 그 눈빛은 자연스레 미소로 이어진다. 미국 심리학자 조안 캘러먼Joan Kellerman의 연구 결과에 따르면 낯선 사람과도 단 2분 동안 시선을 떼지 않고 눈을 맞추면 호감도가 상승한다고 한다.

어느 날 나는 연애 예능 프로그램을 보다가 한 연예인이 이렇게 말하는 것을 들었다.

“저는 마음에 드는 남자를 만나면 무조건 그 사람과 사귈 자신이 있어요.”

나머지 패널들은 술렁이며 그 방법을 궁금해했는데 그녀의 대답은 의외로 간단했지만 핵심 중의 핵심이었다.

"계속 그 사람을 쳐다봐요."

눈 맞춤만으로도 호감은 분명 상승한다. 이를 기억하고 차가운 판단을 위해서가 아니라 있는 그대로를 받아들이기 위해 따뜻한 눈 맞춤을 보내보자.

입꼬리

정재승 카이스트 교수에 따르면 동양인은 눈으로 상대의 감정을 읽어내는 반면 서양인은 입 모양으로 상대의 감정을 읽는 경향이 있으며, 이는 이모티콘 사용에도 영향을 미쳤다고 한다. 영국 글래스고 대학의 교수 레이첼 잭Rachael E. Jack, 일본 홋카이도 대학 행동과학과 교수 유키 마사키結城雅樹도 비슷한 연구 결과를 내놓았다. 동양인은 문자를 보낼 때 감정을 나타내는 이모티콘을 주로 눈을 강조하는 ^.^ @.@ ㅠㅠ을 쓰고, 서양인은 입 모양을 강조하는 :) : (:-D을 쓴다. 코로나19가 유행해도 서양인이 마스크 착용을 꺼리는 이유 중 하나가 여기에 있다는 말도 있다.

입 모양으로 나타내는 감정 표현에서 동양인의 입꼬리는 서양인에 비해 대체로 내려가 있다. 왜냐하면 입가 근육이 상대적으로 처져 있기 때문이다. 한번 상상해보자. 눈은 웃고 있는데 입은 처져 있으면 어떤 느낌을 전달할까? 의도치 않게 상대에게 건조하거나 무뚝뚝한 느낌을 전달할 수도 있다. 나 역시 그랬다. 그렇다고 늘 웃으라는 말은 아니다. 다만 평소에 입꼬리를 의식적으로 조금 올려 상대에게 긍정의 신호를 보내는 연습을 할 필요가 있다. 특히 자신의 인상이 좀 굳어 있거나 강해 보인다면 더 신경을 써야 한다.

강의 중에 참석자의 인상을 살피면 불만스런 표정, 무관심한 표정을 기본으로 장착한 사람을 볼 수 있다. 여기에다 눈빛이 강하고 건조하며 입꼬리까지 처져 있으면 무게감은 배가된다. 이런 상태에서는 아무리 긍정의 메시지를 전달해도 효과를 보기 힘들다. 심지어 영혼 없는 말을 한다는 억울한 피드백까지 듣는다.

평소 나는 그런 사람을 만나면 의도적으로라도 '미소 훈련'을 하라고 권한다. "웃으면 복이 온다"는 말은 흔해 빠진 상투어 같지만 정말로 미소를 지으면 괜히 내 마음까지 좋아지고 활력도 얻는다. 그럼 미소 훈련은 어떻게 해야 할까? 여기 간단한 팁을 소개한다.

- 가능한 한 주변에 거울을 많이 두고 자주 표정을 확인한다.
- 운전할 때, TV 볼 때, 걸을 때 등 자투리 시간을 활용해서 자주 미소 짓는 연습을 한다.
- 입 안 좌우, 위아래에 바람을 넣어 주변 근육을 풀어준다(3회 반복).
- 입꼬리를 올리고 멈춘 상태에서 10초간 머문다(3회 반복).

몸의 방향과 동작

무언가 집중하고 있을 때 친한 사람이 말을 걸어오면 우리는 보통 하던 일에 그대로 얼굴을 묻고 툭 한마디를 던진다.

"응, 듣고 있으니까 말해."

이럴 때 상대는 어떤 메시지를 받을까?

'관심이 없구나. 듣고 싶지 않구나.'

당연히 상대는 기분이 상하고 경우에 따라서는 '내가 왜 말을 꺼내서…'라며 자괴감을 느끼기도 한다. 특히 관계 형성이 원만하지 않은 사이거나 상대가 대화에 소극적인 사람이라면 더욱 그렇다. 가능하면 하던 일을 멈추고 몸을 상대에게로 향하게 하는 것이 좋다.

만약 지금 너무 바빠서 주의를 기울일 수 없다면 두 가지 중 하나를 선택하는 것이 바람직하다. 첫째, 하던 일을 잠시 멈추고 몸을 상대에게로 향해 양해를 구한 다음 하던 일을 계속한다. 둘째, 집중해서 들을 수 있는 때를 다시 만들어 대화를 시도한다.

이는 상대를 존중하는 기본적인 표현이다. 그렇지 않을 경우 의도치 않게 상대를 존중하지 않는다는 메시지를 전달하는 꼴이 되고 만다. 이와 함께 불필요한 동작을 반복하거나 반감을 줄 수 있는 동작에 유의해야 하며, 특히 갈등의 순간에는 몸 언어에 더욱 주의해야 한다. 가령, 중요한 메시지를 전달하는데 상대가 몸을 한껏 뒤로 젖히고 있다면? 정성을 다해 말하고 있는데 고개를 삐딱하게 하고 있다면? 없던 오해도 절로 생길 것이다.

목소리와 말의 속도

같은 조건이면 당연히 목소리가 좋을수록 메시지 전달 효과가 높다. 물론 마음 연결 없이 목소리만 좋을 경우에는 오히려 그 멋진 목소리에 주눅이 들거나 불편함을 느끼기도 한다.

소리 자체를 음성학적으로 고치는 것은 쉬운 일이 아니다. 다행히 우리가 소통에서 중점을 두어야 하는 부분은 목소리 자체보다 목소리가 주는 '느낌'이다. 물론 전달력이 현저히 떨어질 만큼 톤, 발음, 음량 등에 문제가 있다면 당연히 기술적인 훈련이나 조치가 필요하겠지만 대개 크게 문제가 될 정도는 아니다. 소통에서 역시 중요한 것은 목소리의 느낌이다. 내 목소리의 느낌이 어떤지 한번 확인해보는 것이 좋다.

한때 서비스 산업에서 직원을 교육할 때 대화의 톤을 '솔'에 두라고 정답처럼 전달했다. 사실 그보다 더 좋은 방법은 기준을 평소 내 목소리 톤에 두고, 이보다 한두 톤을 높여 '환영의 의미와 느낌'을 표현하는 것이다. 적극적인 환대의 느낌을 주고자 한다면 의식적으로 평소보다 한두 톤을 올린다. 만약 내 목소리 톤이 보통 사람들보다 높다면 안정감을 위해 한두 톤을 낮춘다. 즉, 경쾌하되 상대가 편안하게 느끼는 나만의 지점을 찾아야 한다.

말하는 속도 역시 너무 빠르면 긴장과 불안감을 주고 너무 느리면 지루함을 느끼게 하므로 확인해볼 필요가 있다. 이상적인 말하기 속도는 분당 300자이므로 이를 참고해 자신의 말하기 속도를 확인해보자.

비언어적 경로의 기본값

우리 모두에게는 비언어적 경로로 표현하는 존재 방식의 기본값이 있다. 나는 보통 그것을 '햇살'과 '그늘'에 비유한다. 햇살은 밝고 따뜻하고 편안한 느낌을 준다. 반대로 그늘은 어둡고 차갑고 건조하다. 어떤 사람은 비언어적 경로의 기본값이 햇살을 드리우는 듯하고 또 어떤 사람은 그늘처럼 차갑고 어둠을 주는 것 같다. 사람들은 햇살 같은 사람을 가까이하고 또 그런 사람을 찾는다.

나는 햇살 같은 사람인가,
그늘 같은 사람인가.

"너는 왜 그렇게 늘 인상을 쓰고 있니?", "화난 줄 알았어요", "왜 그렇게 늘 부정적이세요?"와 같은 말을 자주 듣는다면 내 존재 방식의 기본값에 대해 한번 생각해봐야 한다. 강의를 하다 보면 마음은 한없이 햇살인데 표현의 기본값이 그늘이라 주변의 오해를 사거나 관계에서 서운함을 겪는 경우를 꽤 자주 본다. 나 역시 한때는 그랬다.

'내 마음은 햇살인데 왜 사람들이 가까이 다가오지 않지?'

억울하고 외로웠다. 나중에 알고 보니 나는 내 마음과 달리 한없이 건조하고 차가운 그늘의 방식으로 존재하고 있었다. 만약 지금 내 기본값이 그늘인 것 같다면 비언어적 경로를 적극 훈련해 개선해보자.

잠시 멈추고 질문하기

1. 대화할 때 나는 언어적 경로와 비언어적 경로 중 어떤 것에 더 큰 비중을 두고 있는지 생각해보자.
2. 내 비언어적 경로의 기본값은 어떠한가?

의도한 대로 표현했는지 반드시 모니터링하자

마음 연결 요소를 배우는 것도 중요하지만 더 선행되어야 할 것은 지금 내가 어떻게 하고 있는지를 정확히 파악하는 것이다. 왜냐하면 의도한 것과 그것을 행하는 것에는 차이가 있기 때문이다. 현재의 내 모습을 정확히 파악해야 무엇을 어떻게 훈련해야 할지 목표를 정확히 설정할 수 있다.

'모니터링'이라는 말을 들으면 당신은 무엇이 떠오르는가? 나는 처음 이 단어를 들었을 때 두 가지가 떠올랐다. 하나는 모니터링은 어떤 특별한 목적 아래 시행하는 것으로 일상 언어가 아니라는 것이고, 다른 하나는 모니터링을 적극 시행하는 직업은 따로 있다는 것이다. 특히 촬영이 주업인 방송인이 하는 것이라 여겼다.

나에겐 방송인 친구가 있는데, 가끔 함께 티타임을 즐긴다. 어느 날 친구와 대화하다가 모니터링에 대한 평소의 내 생각을 바꾸게 되었다.

"너는 방송인이니까 모니터링을 열심히 하겠네."

방송인이니 모니터링이 일상일 거라는 내 예상과 달리 친구는 심드렁하게 대답했다.

"아니, 나는 거의 하지 않아."

"왜? 방송 일을 하고 있으니 열심히 해야 하는 것 아냐?"

"하면 뭘 해. 내 마음에 들지 않는다고 다시 찍을 수 있는 것도 아니고. 그래서 나는 그 시간에 다음 촬영을 생각해."

듣고 보니 일리가 있었다. 친구의 생각은 내가 삶을 대하는 방식과도 비슷했다.

"그래, 지나간 일을 돌아보면 뭘 해. 앞으로 무얼 할지 생각하는 게 더 효율적이지."

우리는 그렇게 헤어졌고 한참 시간이 흐른 뒤 다시 만났다. 그런데 친구는 예전과 다른 말을 했다.

"나, 모니터링해보기로 했어."

"왜? 안 하는 게 낫다며."

"전에는 그렇게 생각했는데 성공한 선배들을 보니 공통점이 있더라고. 저들은 나와 뭐가 달라서 저 위치에 올라섰을까 싶어 좀 지켜봤거든."

"공통점이 뭔데?"

"모니터링. 적극적으로 모니터링을 하더라고. 자기가 의도한 대로 표현했는지 보는 거야."

모니터링에서 중요한 것은 얼굴이 예쁘고 멋지게 나오는지를 확인하는 것이 아니었다. 내가 의도한 대로 표현하고 있는지, 즉 거지를 연기했다면 거지처럼 나왔는지, 혹은 사기꾼을 연기했다면 사기꾼처럼 나왔는지를 보는 것이다.

그 말을 듣자 문득 내게 늘 강연을 촬영하고 말을 녹음해서 확인하라는 연구소 대표의 말이 떠올랐다. 내가 처음 연구소에 왔을 때 대표는 내게 모니터링을 해보라고 권했는데, 나와 상관없는 일이라고 여겨 회피했다. '내가 방송을 할 것도 아닌데 뭐', '내 목소리를 들으면 오히려 자존감이 떨어져서 강의를 못할 것 같아', '나는 원래

사진발을 받지 않는 스타일이라 찍지 않는 게 나아'라고 이런저런 핑계를 대면서 말이다. 생각해보니 대표의 요청은 '내가 의도한 대로 표현하고 있는지'를 확인하라는 것이었다.

모니터링은 어떤 직군이나 상황에만 필요한 게 아니라 우리 모두가 자신을 보다 객관적으로 알아차리기 위해 적극적으로 해야 하는 일이다.

나는 따뜻한 사람이라고 생각했는데 사실 내 모습이 차갑다면? 나는 스스로 관대한 사람이라 생각했는데, 주변 사람은 나를 꼰대로 보고 있다면? 당연히 불통일 수밖에 없다. 어떤 생각을 강하게 할수록 자신이 정말 그렇다고 착각하는 경우가 많다. 마치 부지런한 사람이 되어야 한다는 생각이 강할수록 단지 서점에 가서 책을 한 권 샀을 뿐이면서 스스로를 부지런히 자기계발하는 사람으로 착각하는 것과 같다. 하나의 단순한 행동을 크게 확대해 자신이 정말 그런 사람인 양 착각을 한다. 그러므로 나 자신을 객관적으로 돌아볼 모니터링이 꼭 필요하다.

일상의 모든 순간을 모니터링해보자

생각이 달라진 후 나 자신을 모니터링하기 시작했다. 처음에는 누군가와 함께 있는 나를 촬영하는 것이 영 불편해서 스마트폰을 전면 촬영 모드로 해놓고 혼자 밥 먹는 모습을 찍었다. 촬영한 내 모습은 정말이지 부끄러웠다. 평소 정갈하게 식사하는 것을 좋아했고 나 자신을 그렇게 먹는 사람이라고 여겼다. 음식점에서 그렇지 않은 사람을 보면 은근히 마음이 불편해지곤 했다. 그런데 스마트폰에 담긴 나는 조금 과장을 보태 그야말로 밥을 '처'먹고 있었다. 음식점에서 불편한 느낌으로 보았던 사람들의 모습이 곧 내 모습이었고 내게 큰 충격을 주었다.

곧이어 대화하는 모습을 찍을 용기를 냈다. 상대가 친한 친구라 편하게 촬영했는데 모니터링을 해보니 내 얼굴에 표정이 없었다. 사실 나는 의식적으로 감정을 표현해야 할 경우, 예를 들어 강의를 할 때는 표정을 풍부하게 구사한다. 하지만 그럴 필요가 없는 편안한 사람을 대할 때는 표정이 없었다. 심지어 너무 차갑고 예의가 없어 보이기까지 했다.

평소에 나는 마음이 따뜻한 사람, 공감을 잘하는 사람이고 싶다는 생각이 강했기에 내가 그런 사람인 줄 알았다. 실제로 이런 피드백도 자주 들었다.

"원장님은 따뜻한 에너지를 주는 분이세요."

그런데 정작 가장 가까운 가족은 나를 차갑고 건조하고 재미없고 독한 사람으로 표현했고 그럴 때마다 가족을 원망했다.

'가족은 나한테 도움이 안 돼. 사람들은 다 나를 따뜻한 사람이라고 하는데 가족은 내게 심한 말을 해.'

그러나 촬영한 내 모습은 가족이 옳다는 것을 고스란히 드러냈고 이내 가족들에게 미안해졌다.

이후 출근을 준비하는 내 모습을 모니터링하면서 평소 강의에서 강조하는 여유로움과 정반대인 나를 발견했고, 늘 바쁘게 스케줄을 소화하느라 누가 말이라도 걸면 목소리에 짜증이 담긴 것을 발견하는 등 놀라운 모습을 접했다. 나는 계속 모니터링을 확대해나갔다. 걸음걸이, 커피를 마시는 순간의 호흡 등 모든 순간을 모니터링하면서 점차 변화하기 시작했다. TV프로그램 〈우리 아이가 달라졌어요〉는 본래 개선이 필요한 아이를 대상으로 촬영하는 것이지만 먼저 달라지는 쪽은 오히려 부모다. 자기 모습을 객관적으로 볼 기회가 없었던 부모는 자신의 실제 모습을 보고 깨우치고 변화한다. 나도 그러했다.

모니터링하는 방법

한번은 어느 강사가 강의 피드백 때문에 곤란을 겪고 있다며 어려움을 호소했다.

"원장님, 제 강의 피드백에 꼭 빠지지 않는 얘기가 있어요. 강의는 좋은데 혼나는 것 같다는 거예요. 그럴 의도는 전혀 없었는데 사람들이 왜 그렇게 느끼는지 이해할 수가 없어요."

그 강사는 성폭력과 성희롱 예방을 주제로 강의를 하는데, 그런 피드백을 받는 이유는 젊은 시절 자신의 경험을 공유하다가 다른 사람들이 그런 경험을 하지 않길 바라는 마음에 말을 강하게 전달했기 때문이었다. 자신의 경험을 털어놓을 정도로 열정을 다했지만 마음과 달리 말투가 다그치듯 흘러갔던 것이다. 더구나 '강의는 좋은데 혼나는 것 같다', '열정은 있지만 무섭다' 같은 피드백을 여러 차례 받았음에도 자신의 마음이 진실하고 온전하다 보니 그런 말을 쉽게 받아들이지 못했다.

그녀에게 숙제를 내주었다.

"일주일 동안 목소리를 녹음해서 들어보실래요?"

달갑지 않은 표정이었지만 그래도 간절했던 그녀는 성실히 녹음을 해왔다. 그리고 내가 묻기도 전에 숙제의 효과를 털어놓았다.

"이제 알겠어요. 하루는 제가 버스를 타면서 기사님께 이 버스 선릉역으로 가는 게 맞느냐고 물었어요. 그런데 그 목소리가 마치 기사님을 혼내는 것 같더라고요. 그때 처음으로 들었어요. 제 말투가 어떤지. 제게는 그럴 마음이 전혀 없었거든요. 이제 사람들이 왜 제게 그런 말을 하는지 알겠어요."

나는 거기서 그치지 않고 이유를 물었다.

"아, 그랬군요. 근데 왜 그랬다고 생각해요?"

"중요한 일이라고 생각하다 보니 그런 모양이에요. 버스를 잘못 타면 강의 시간에 지각을 하는 거라 중요했거든요. 강의도 제게 무엇보다 중요한 일이거든요. 스스로 소명으로 여겼고, 진심으로 잘 알려주고 싶었어요. 그러다 보니 너무 다그치듯이 강의를 했던 것 같아요. 절대 그럴 의도는 아니었는데….”

모니터링은 자아성찰의 시작이다. 자기 신념이 강한 사람일수록 다른 사람의 말에 잘 동의하지 못한다. 이럴 땐 누군가 전해주는 백 번의 조언보다 한 번의 모니터링으로 자신을 있는 그대로 보는 것이 더 효과적이다.

그럼 모니터링은 어떻게 하는 것이 좋을까? 여기 모니터링을 하는 간단한 방법을 소개한다.

- 의식하지 않고 녹음하거나 촬영을 한다. 다양한 순간을 촬영해보는 것이 좋다.
- 용기를 내 촬영한 것을 끝까지 확인한다.
- 외모나 말의 내용을 따지기보다 전체 느낌을 본다.
- 음을 소거한 뒤 비언어적 표현에 집중해본다.
- 소리를 켜고 내가 의도한 것과 표현의 차이를 찾아본다.
- 제3자 관점에서 다른 사람이 나처럼 표현하면 내게 전달되는 메시지가 어떨지 비교해본다.

나도 상대도 만족하는 온전하게 듣는 기술

소통은 크게 말하기와 듣기로 이뤄진다. 흔히 말하기를 더 고민하고 연습하지만 사실 듣기에 따라서도 우리의 소통 능력이 크게 달라진다. 유명한 경제잡지 〈포브스〉의 발행인이자 CEO 맬컴 포브스Malcolm Forbes는 대화의 기술이 경청에 있다고 말했다. 또한 '들을 청聽'이라는 한자를 풀어보면 임금의 귀, 즉 큰 귀와 열 개의 눈 그리고 하나의 마음을 뜻하는 한문으로 구성되어 있다. 이는 커다란 귀와 열 개의 눈을 가진 듯 온 힘을 다해 적극적으로 듣되 마음은 하나로 하라는 의미다.

왜 우리는 온전하게 듣는 것이 힘들까?

- **판단하며 듣느라**

  판단하며 들으면 상대가 전달하려는 의도를 이해하려 하기보다 내 기준에서 옳고 그름을 따지고 틀린 것을 수정하기 위해 지적 혹은 반박하는 데 더 집중한다.

- **내가 할 이야기를 생각하며 듣느라**

  상대의 이야기에 집중하기보다 내가 앞으로 할 이야기를 생각하면 듣는 척하는 것에 불과하다. 학창 시절에 선생님이 돌아가며 책 읽기를 시킬 때 앞 친구가 읽는 순서에 자기 차례에 해당하는 부분을 미리 준비하느라 앞 내용을 듣지 못했던 것처럼 말이다.

- **'나' 중심으로 듣느라**

나 중심의 듣기를 할 때도 상대의 의도를 파악하며 오해 없이 듣는 것이 어렵다. 예를 들어 여자 친구가 지나가는 고급승용차를 보며 "차가 참 예쁘다"라고 말할 때 그저 자신의 느낌을 표현한 것뿐이지만, 나 중심의 듣기를 하면 의도를 왜곡한다. 있는 그대로 '아, 내 여자 친구는 저런 차를 좋아하는구나'라고 생각하기보다 '뭐야, 지금 내 차는 별로 마음에 들지 않는다는 거야?'라는 식으로 의도와 전혀 다른 방향으로 받아들인다.

- **선입견으로 답을 정해놓고 듣느라**

상대나 상대가 다룰 이슈에 선입견이 있으면 이미 답이 정해져 있는 상태라 있는 그대로 듣기 어렵다.

아들이 어렸을 때 나는 스마트폰을 중학교 2학년 때 마련해주겠다고 약속했다. 그런데 요즘 교육환경이 디지털화되면서 수업시간에 종종 스마트폰으로 선생님의 질문에 답변을 달거나 검색 활동을 한다. 같은 반에 스마트폰이 없는 아이는 세 명뿐이었고 아들은 필요할 때마다 친구 것을 빌려야 하는 불편을 겪었다. 아들은 나와 그 얘기를 나누려 했지만,

나는 제대로 듣지도 않고 아이가 "엄마, 스마트폰이요"라는 운을 떼자마자 즉각 "왜 또! 스마트폰은 얘기하지 마. 중학교 2학년 때 사준다고 약속했잖아"라며 말을 끊어버렸다.

마찬가지로 회사에서도 이미 답을 정해놓고 미팅을 하면 결국 상대의 관점을 이해하지 못한 채 자기 주장만 내세우다 감정싸움으로 번지고 만다. 선입견이 있는 경우 이미 그에 관한 답이 생겨 온전히 듣지 못하기 때문에 업무를 원만하게 이행하지 못한다.

- **무관심해서**

대화에 관심이 없거나 대화 중 다른 생각을 하는 것은 모두 무관심하게 듣기에 해당한다. 진정한 대화를 나누려면 함께 노력해야 하며 특히 너를 위해 듣는 게 아니라 나를 위해 듣는다고 사고를 전환해야 한다.

아래 표는 듣는 태도에 따른 이해도를 나타낸다. 무시의 태도로 들으면 이해도는 0퍼센트다. 마음의 빗장을 걸고 이야기를 듣는데 들릴 리가 없다. 듣는 척하며 들으면 이해도는 10퍼센트이며, 선택적으로 집중하다가 집중하지 않다를 반복하며 들으면 이해도는 30퍼센트 정도가 된다. 심지어 적극적으로 들을 때조차도 우리는 절반가량밖에 이해하지 못한다. 놀라운 것은 공감적인 태도를 취하며 들으면 이해도가 급격하게 높아진다는 점이다. 상대의 말을 무

| 듣는 태도에 따른 이해도 |

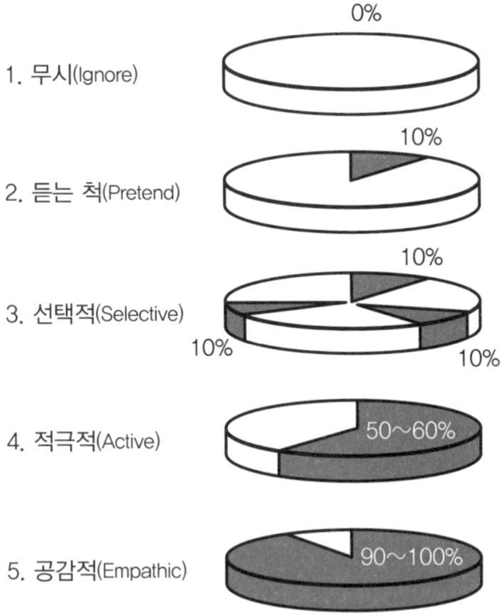

려 90퍼센트 이상 이해할 수 있다. 듣는 태도가 중요한 이유가 바로 여기에 있다.

기본 매너와도 같은 적극적인 듣기

듣기는 두 가지로 분류할 수 있다. 내 의지와 상관없이 들려오는 물리적 듣기Hearing와 상대에게 관심을 기울이고 이해하려는 의지를 더한 적극적 듣기Active Listening다. 소통이 이뤄지면 당연히 적극적 듣기를 경험하고, 불통이면 "내 말 듣고 있는 거야?"라고 묻게 되며 "듣고 있으니까 그냥 말해"라는 다소 무성의한 답을 듣는다. 상대가 적극적으로 들어주었으면 하는데 상대는 물리적인 듣기를 하고 있을 때가 많다. 어쩌면 내 앞의 상대도 똑같은 상황일지도 모른다.

어떻게 하면 좀 더 적극적인 듣기를 할 수 있을까?

우선 집중하는 자세로 말을 끝까지 듣는다. 우리가 게임을 할 때 "이번에는 네 차례야"라며 상대의 순서를 존중하는 것처럼 듣기에서도 매너를 지켜 상대의 차례를 존중한다. 이때 몇 가지를 더하면 듣기의 질을 훨씬 더 높일 수 있다.

첫째, 상대의 표정과 행동을 따라 하는 미러링mirroring으로 상대가 공감을 받는다는 느낌을 준다.

둘째, 적절한 끄덕임과 추임새를 보여주는 페이싱pacing으로 상대와 보조를 맞추고 있다는 느낌을 주어 좀 더 편안하게 말할 수 있도록 해준다.

셋째, 상대의 말을 적절히 반복하거나 요약하면서 '말걸음'을 확인한다. 예를 들어 아이를 같은 학교에 보내는 한 엄마와 놀이터에서 마주쳤는데 "우리 아이가 그런 무심한 선생님을 만나 너무 속상하더라고요. 어쩌면 선생님이 그럴 수 있나요? 정말 이해가 안 가더라고요"라고 한다면 어떻게 해야 할까? 거기에 괜한 내 의견을 더

하거나 판단의 말을 하기보다 "아이가 좋은 선생님을 만나길 바랐을 텐데 그렇지 못해 속상하시겠어요."라며 말걸음을 맞춰 백트래킹backtracking, 즉 말꼬리 잡기로 상대의 말을 확인해준다.

넷째, 상대의 표면적인 말보다 말 이면의 마음과 의도에 더 집중해서 듣는다. 한번은 남자 친구가 결혼에 너무 집착하는 것 같아 힘들다고 호소하는 사람을 만났다. 남자 친구의 관심사는 오로지 결혼이었고 모든 대화의 마지막은 "그래서 우리 언제 결혼하는데?"로 끝났다. 여자는 부담스러웠고 때론 자신의 감정은 무시당한 채 자신이 결혼 수단으로만 여겨지는 것 같아 속상하기까지 했다. 결혼을 너무 쉽게 생각하는 것 같은 남자 친구의 태도에 화도 났다. 사실 남자 친구는 어린 시절에 부모님을 여의어 자신의 가정을 빨리 꾸리는 것이 평생의 꿈이었다. 표면상 '결혼'이라는 두 글자였지만 그에게는 '당신과 오래오래 함께하고 싶다', '오랜 세월 외로웠는데 당신을 만나 기쁘다'는 의미의 말을 하고 있는 것이었다. 서로의 마음에 담긴 진심의 소리를 잘 들어준다면 우리는 더 깊은 공감의 대화를 나눌 수 있다.

아래의 예시처럼 감정을 읽어주고 이면의 의미를 찾아보자.

- **"아빠는 정말 제멋대로야."**

  감정: 화, 슬픔, 짜증

의미: 나에게도 선택권을 주었으면, 내 의견도 존중해줬으면

- **"왜 늘 두 번 말하게 해?"**

감정: 답답함, 실망, 피곤

의미: 내 말을 좀 더 집중해서 들어줬으면, 내 시간도 존중해줬으면

채우기보다는 여백이 있는 소통

누구에게도 뒤지지 않을 실력과 정보로 무장하고 자부심도 강한 세계적인 자동차 판매왕 조 지라드Joe Girard가 세일즈 초기 겪었던 일이다. 자신에게 상담을 받은 고객 중 여러 명이 자신이 아닌 다른 사람과 계약을 했던 것이다. 계약을 맡은 사람은 아무리 봐도 자신보다 실력이 부족한 사람이라 더 이해가 가지 않았다. 당황스러웠던 판매왕은 어느 날 용기를 내 고객을 찾아가 물었다.

"왜 나와 계약하지 않았나요?"

판매왕은 예상치 못한 고객의 대답에 자신의 태도를 송두리째 바꾸는 경험을 했다.

"당신은 내 말을 들어주지 않았어요. 내가 무엇을 원하는지, 내 생각이 어떤지 듣지 않고 당신의 말만 했지요. 당신에게는 당신밖에 없는 것 같아요."

어느 기업 회장은 이런 말을 했다.

"우리에게는 여백이 있는 사람이 필요합니다. 면접에서 내가 보는 것은 그것 하나입니다. 실력이 뛰어난 사람은 정말 많습니다. 하지만 실력만으로는 함께 성장할 수 없습니다. 우리에게는 함께 성장할 사람이 필요합니다."

소통은 절대 말을 잘하는 게 아니다. 자신의 말로 내면을 가득 채우는 것도 아니다. 실제로 우리는 나무랄 데 없는 사람이지만 '여백이 없구나. 자신으로 가득 차 있구나' 싶은 사람, 내가 들어갈 공간, 내 말이 스며들 공간이 전혀 없는 상대를 만나기도 한다.

물리적 공간도 마찬가지다. 아무리 훌륭한 공간도 온갖 물건들로 가득 차 편히 앉아 쉴 곳이 없으면 그곳이 누굴 위해 존재하는지 의문이 든다.

좋은 공간과 좋은 사람은
상대에게 적당한 여백을 허락한다.

잠시 멈추고 질문하기

온전하게 듣기 힘든 이유가 무엇인지 생각해보자.

상대를 이끌어내는 질문의 기술

상대에게 공간을 허락한다는 것은 어떤 말일까? 코칭의 기본 철학을 보면 상대에게 공간을 허락한다는 말의 의미를 알 수 있다. 코칭과 컨설팅의 큰 차이점은 답을 제시하는 방법에 있다. 컨설팅이 답을 직접 제시한다면 코칭은 답이 상대에게 있다고 보며, 상대방의 가능성을 전제로 스스로 답을 찾게 한다. 그래서 접근법이 다르다. 우선 컨설팅은 분석과 판단으로 결론을 도출한다. 이것은 TV프로그램에서도 볼 수 있는데 대표적인 것이 〈백종원의 골목식당〉이다. 이 프로그램은 업장을 방문해 분석하고 판단을 내려 해결책을 제시한다.

반면 코칭은 분석과 판단보다 질문을 던짐으로써 상대로 하여금 생각하게 하고 스스로 답을 찾게 한다. 이때 필요한 것은 호기심의 시선으로 관찰하는 일이다. 그래야 상대에게 질문을, 그것도 양질의 질문을 던질 수 있다. 질문은 상대가 다른 관점으로 생각하게끔 하고, 스스로를 이끌어내는 데 도움을 준다. 사람은 질문을 받으면 대답하려는 성향이 있기 때문에 외부로 향해 있던 더듬이가 자신에게로 방향을 바꾼다.

개방형으로 질문하자

질문에는 폐쇄형 질문과 개방형 질문이 있다. 폐쇄형 질문은 흔히 단답형이라고 하며 '네/아니요'의 답을 기대한다. 개방형 질문은 상대가 자유롭게 풀어서 답하게 하는 형식이다. 흔히 폐쇄형 질문을 지양하려 하지만 그렇다고 개방형 질문이 무조건 좋은 것은 아니다. 이는 사람과 상황에 따라 다르다.

가령 자신의 생각을 잘 표현하는 사람은 당연히 개방형 질문이 좋겠지만 그렇지 않은 사람도 있음을 배려해야 한다. 이런 사람에게 처음부터 개방형 질문을 던지면 어색해하거나 불편함을 느낀다. 이럴 땐 폐쇄형 질문으로 시작해 육하원칙을 이용한 개방형 질문으로 유도한다. 또한 폐쇄형 질문도 선택 가능한 질문으로 던지는 것이 좋다. 예를 들면 자신의 감정을 수치로 답하게 하거나 몇 가지 경우의 수를 주고 선택하게 한 다음 점차 질문의 범위를 넓혀간다.

관계 맺기에서 중요한 것은 자신이 원하는 메시지를 확인하기 위해 '네/아니요'의 '확인형 질문'만 하지 않는지 살펴야 한다는 점이다. 나아가 상대에게 공간을 허락하려면 상대에게 답이 있다는 것을 전제로 '호기심형 질문'을 해야 한다. 그래야 상대에게도 내 공간을 허락받을 수 있고, 이로써 서로 교감하며 소통할 수 있다.

'나'를 강하게 중심에 둘 경우 듣기도 잘되지 않고 질문도 내 만족을 위한 것에서 그치는 경우가 많다. 예를 들어 "했니?", "가능해?", "되는 거야?"를 묻는다. 당신은 질문하는 사람인가? 만약 그렇다면 양질의 질문을 하고 있는가?

질문의 네 가지 영역

앞서 살펴본 질문의 기본적인 두 가지 형태에서 좀 더 영역을 확대해보자. 바로 미래와 과거 시점 영역과 구체적, 포괄적 범위 영역이다. 미래 시점 영역은 상대에게 미래를 예측하게 함으로써 현재를 계획하고 수정하게 한다. 과거 시점 영역은 상대에게 과거 경험을 참고하게 해 현재를 더 잘 이해하도록 돕는다. 구체적 범위 영역은 상황의 세부사항을 생각하게 해 놓친 부분을 찾게 한다. 포괄적 범위 영역은 전체를 살피게 해 자칫 잃을 수 있는 균형을 찾게 한다. 각 영역별 예를 살펴보면 아래와 같다.

- **미래 시점 영역**

  지금처럼 지낼 경우 10년 후에는 어떤 모습을 하고 있을까요?

  5년 후 내가 그리는 가족의 모습은 어떤가요?

  계획을 진행하면서 어떤 결과를 예상하나요?

  이제부터 무엇을 해보면 좋을까요?

- **과거 시점 영역**

  이렇게 한 데는 어떤 이유가 있나요?

  과거에 나는 어떤 사람이었나요?

  이 문제는 어디서부터 시작되었나요?

  원인을 찾는다면 언제로 돌아가야 할까요?

- **구체적 범위 영역**

  관련지어 구체적으로 설명할 수 있나요?

  한번 예를 들어봅시다.

  육하원칙을 바탕으로 이야기해볼까요?

  성공 가능성이 어느 정도까지 높아질까요?

- **포괄적 범위 영역**

  성공에는 어떤 중요한 삶의 가치가 있을까요?

  어떤 비전 아래 실행하고 있나요?

  숲을 본다고 가정할 때 미처 보지 못한 부분은 무엇인가요?

  정말로 원하는 것이 무엇인가요?

중요한 것은 영역을 구분하는 게 아니라 각 질문 영역을 시기적절하게 사용하는 것이고, 그 질문이 상대의 관심을 이끌어내 서로 연결되어야 한다는 점이다. 자칫하면 질문이 판단을 위한 정보를 구하는 데 그칠 수 있다. 내 질문이 대체로 폐쇄형이거나 단편적이라면 이것 역시 훈련으로 관계 맺기를 위한 질문이 되도록 해야 한다.

메시지를 정확하게 주고받는 기술

아래 도표는 쌍방향 소통을 수식으로 나타낸 것이다.

| 의사소통의 도표 |

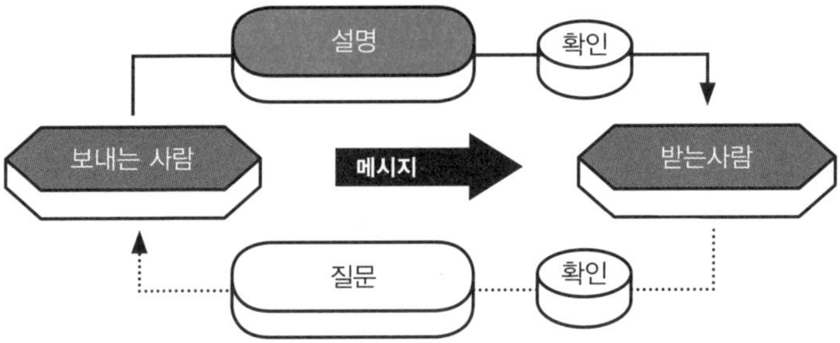

메시지를 확인할 때

상대에게 메시지를 받으면 우리는 무엇을 하는가? 메시지를 확인하거나 질문을 해 메시지를 이해하기 위한 단계를 거친다. 메시지가 아주 명확한 경우 간단한 단답형으로도 충분히 답이 가능하지만 좀 더 확인이 필요하거나 메시지에 대한 의사를 적극 전달하기 위해서는 상대방의 메시지를 반복해서 말하며 답하는 것이 좋다. 평소 소통에 적극적이지 않다는 말을 들었다면 단답형일지라도 상대의 말을 반복해서 확인함으로써 "성의 없어 보여", "제대로 듣고 있는 거야?" 같은 피드백을 피할 수 있다.

다음 예를 보자.

- **명확한 메시지일 경우 간단하게 '네/아니오'로 대답**

A: 오늘 3시에 확인전화하는 거 잊지 마.

B: 응, 그럴게.

- **좀 더 적극적인 대답을 해야 할 경우**

A: 오늘 오후 3시까지 월말 결재 확인 보고서 부탁해요.

B: 네, 오후 3시까지 월말 결재 확인 보고서 준비할게요.

서면 소통에서도 이를 동일하게 활용하면 오해하거나 메시지를 잘못 받아들이는 실수를 줄일 수 있다.

메시지에 질문할 때

더러는 상대의 메시지를 확인하려고 질문을 해야 할 때도 있다. 추가 설명이 필요하거나 자신의 이해를 확인해야 하는 경우가 대표적이다. 문제는 질문이 필요한 순간에도 질문을 하지 않아 일을 그르치거나 만족스럽지 않은 결과를 낸다는 데 있다.

왜 우리는 질문을 하지 않는 걸까?

첫째, 내 이미지를 과도하게 의식하기 때문이다.

우리는 질문을 하면 혹시라도 내가 무식한 사람으로 비춰지진 않을까 우려한다. 또는 이상하거나 까다로운 사람이 될까 걱정한다. 그런데 사실 사람들은 내게 그다지 관심이 없고 나를 오래 기억하지도 않는다. 오직 나 자신만 나에게 관심을 두고 의식하면서 오래 기억할 뿐이다.

둘째, 질문할 타이밍을 찾지 못해서다.

상대가 말하는 중간에 질문하려 하면 타이밍을 찾기 힘들다. 경우에 따라 조금씩 다르긴 해도 질문하기 좋은 타이밍은 상대의 말을 다 들은 직후다. 메시지를 잘 이해한 것인지 확인할 때 질문을 한다고 생각하면 된다.

이때는 단순히 "이해가 가지 않는데요"라며 불명확하게 말하는 것보다 '샌드위치+그리고' 화법에 따라 내가 무엇을 어디까지 이해했고 그렇지 못한 무엇을 질문하는 것인지 정확하고 정중하게 얘기하는 것이 좋다.

셋째, 상대 의견을 부정하는 것으로 받아들일까 봐 걱정돼서다.

질문 방식이 의도치 않게 공격적이거나 비난으로 흐르지 않도록 또는 판단하는 말이 되지 않도록 '나 전달법I message(내 생각은, 내가 이해가 가지 않는 부분은, 내 의견은)'을 사용한다.

넷째, 상대의 말에 관심이 없으면 질문도 없다.

질문은 일종의 관심을 표현하는 방식이다. 상대에게 관심이 없으면 아예 질문도 없다.

질문을 하지 않아 일을 그르치거나 오해를 사기보다 질문을 해서 원활히 소통하는 것이 항상 더 좋은 결과를 낸다는 것을 기억하자. 그리고 내 질문을 기억할 만큼 마음에 여유 공간을 가진 사람이 그다지 많지 않다는 것도 말이다. 그러니 두려워하지 말고 질문하자.

메시지를 설명할 때

우리는 필요에 따라 추가 설명을 해야 한다. 이때 주의할 것은 마치

앵무새처럼 했던 말을 반복하지 않는 것이다. 물론 추가 설명이 필요 없을 정도로 메시지가 명확하거나 단순히 주변 환경 제약, 예를 들어 소음이 있어서 잘 듣지 못했을 때는 반복해서 말하는 것으로도 충분하다.

그렇지 않은 경우 전달자가 상대에게 반복해서 말하는 것은 불필요한 에너지를 추가로 사용하는 것처럼 느껴져 피로감을 안겨준다. 이해가 필요한 상황에서 추가 설명을 할 때는 반복해서 말하기가 아닌 '바꿔 말하기'를 해야 한다. 상대의 입장을 더 고려해 보다 쉽게 설명해야 하며 필요에 따라서는 질문을 해서 상대에게 추가 설명이 필요한 영역을 찾아야 한다. "도대체 뭐가 이해가 가지 않는 건데?" 라며 비난하듯 접근하는 말투보다 "내가 추가로 설명하는 것이 좋을 것 같은데 어떤 부분을 해줄까?" 하고 관심의 의도로 접근하는 것이 좋다.

잠시 멈추고 질문하기

쌍방향 소통의 확인, 질문, 설명 중 나는 주로 어느 부분에서 어려움을 겪고 있나.

변화를 불러오는
피드백의 기술

소통에서 메시지를 전달하는 것만큼 중요한 것이 바로 피드백이다. 왜 피드백이 중요할까? 인간의 기본적인 인정 욕구에는 자신의 존재 자체로 관심을 받고 싶은 욕구와 자신이 올린 성과로 관심을 받고 싶은 욕구가 있다. 현대 경영학의 대부 피터 드러커 역시 자신의 저서 《프로페셔널의 조건》에서 피드백이야말로 성과를 높이는 사실상 유일한 방법이라고 소개했다. 그런데 같은 피드백일지라도 어떤 경우엔 동기를 부여하고 또 어떤 경우에는 단절을 초래한다. 건설적인 피드백에는 다음의 몇 가지 핵심 요소가 포함되어 있다.

좋은 것 먼저!

피드백 내용에 좋은 것과 수정해야 할 것이 있을 때 좋은 것을 먼저 Good thing first 말함으로써 상대와의 마음 연결을 시도한다. 그런 다음 수정해야 할 것을 말하고 감사와 격려 등으로 마무리한다. 이것은 기본적인 소통 방식으로 마음 연결 순서와도 같다.

존재가 아닌 상황에 대해 말하기

피드백 내용은 상황과 사실에 초점을 두어야 한다. 당연하지 않느냐고? 현실을 보면 우리가 하는 많은 피드백이 의도치 않게 '존재'에 초점을 둔다.

예를 들어 남편이 모처럼의 휴일에 갑작스레 친구들과 약속을 잡았다고 하자. 그러면 그 행동을 중심으로 보고 듣고 경험한 관찰의 말로 "당신이 나와 상의하지 않고 친구들과 약속했다는 말을 들었을 때"라고 말을 시작해야 한다. 하지만 많은 경우 "늘 그렇게 당신 마음대로 하지", "믿었던 내가 잘못이지"라고 말한다. 아예 표정과 한숨으로 표현하는 경우도 있다.

이 경우 상대는 자신이 잘못했음에도 불구하고 비난 공격에 방어 태세를 갖추며 "내가 언제 마음대로 했다는 거야", "뭘 대단히 믿었다고 그래", "표정이 왜 그 모양이야" 등의 반응을 보이면서 상황과 사실을 도피한다. 물리적으로는 듣는 것 같지만 마음의 귀는 닫아버린 것이다.

보고서 수정이 몇 번이나 제대로 이뤄지지 않을 때도 마찬가지다. 상황과 사실에 집중해 "보고서 수정이 세 번째 제대로 이뤄지지 않고 있어요"라고 하는 게 아니라 "그 실력으로 어떻게 여기까지 왔는지 몰라", "나 참, 도대체 일을 하는 건지, 마는 건지" 같은 피드백을 하면 상대에게 원하는 메시지를 전달할 수 없을뿐더러 감정적으로 반응하게 만든다.

앞서 말했듯 비언어적 경로로도 많은 메시지가 전해진다는 것을 기억하자. 간혹 "사실 너무 화가 났지만 아무 말도 안 하고 꾹 참았는데 도대체 왜 저러는지 모르겠어요"라며 억울해하는 경우가 있다. 이때 상대는 말로 메시지를 전달받진 않았지만 이미 내 시선과 몸짓으로 부정적인 피드백을 받았고 이는 말로 한 것과 다를 바 없거나 그보다 더 강력하다.

상황과 사실을 중심에 둔 피드백은 변화로 이어질 수 있다. 존재를 중심에 둔 피드백은 설령 그것이 사실일지라도 상대의 마음을 움직이는 힘이 약하다. 따라서 단기적인 결과는 얻을 수 있을지 몰라도 장기적인 관계에는 전혀 도움을 주지 않는다.

선택과 집중이 필요하다

어떤 피드백을 할지 선택하고 그것에 집중한다. 경험이 많은 사람과 연장자는 피드백을 할 부분이 눈에 많이 띄기 마련이다. 그런데 경험자나 연장자가 보는 것이 다 옳다고 할 수는 없다. 자기 기준에서만 맞는 것일 수도 있기 때문이다.

피드백에도 선택과 집중이 필요하다. 우리가 하는 많은 말 중 상대의 기억에 남거나 그것이 실제로 반영되는 경우가 얼마나 될까? 말을 많이 하면 상대적으로 그만큼의 기대심리가 생긴다. 내 피드백을 모두 들어줄 것이라고 말이다. 그 기대심리에는 보상이 필요한데 현실은 그렇지 못할 수 있기 때문에 또 다른 불통과 갈등을 반복하게 만든다.

상대 역시 무언가를 실행하고도 늘 부족하다는 피드백을 듣고 또 스스로도 그렇다고 느끼면서 결국 서로에게 득이 되지 않는다. 그러니 피드백 중 우선순위를 정하고 그것에 집중하는 것을 잊지 말자.

항상 대안이 있어야 한다

피드백을 할 때는 행동을 위한 구체적인 지시나 질문을 한다. 피드백은 결국 그것이 반영되길 바라는 것이므로 단순한 지적What이 아니라 대안How이 있어야 한다. 그런데 이처럼 방법을 함께 제시할 경우 문제 해결을 빠르게 할 수 있고, 때에 따라서는 명쾌할 수 있지만 자칫하면 일방적인 단순 지시에 그칠 수 있다. 그러므로 필요에 따라 구체적인 변화를 위해 상황에 대해 이야기를 나누면서 상대와 함께 개선할 방법을 찾아야 한다.

적절한 타이밍

피드백에는 적절한 타이밍Right Time이 필요하다. 주로 긍정적인 피드백은 즉시 하고 그렇지 않은 피드백은 나중에 하라고 알려져 있지만 피드백은 언제든 그 즉시 하는 것이 좋다. 다만 피드백을 하는 순간 너무 감정적이라 상황이 아닌 존재에 관해 피드백을 하는 경우는 제외한다. 이럴 때는 잠시 감정의 흐름을 깨는 것이 중요하다. 그래도 공백이 하루를 넘기지 않는 것이 좋으므로 감정 흐름을 가다듬기 위해 '1분 호흡법'을 해보자.

이것은 1분 안에 전두엽 기능을 활성화함으로써 감정을 고요하게 만드는 방법이다. 손바닥을 앞에 대고 '후' 하며 숨을 내쉬고 다시 '하' 하면서 내쉬어본다. 어느 쪽이 더 손바닥에 열기가 느껴지는가? 바로 '하'다. 이제 1분간 코로 숨을 들이마시고 '하' 하고 숨을 내쉰다. 이 호흡을 1분간 반복하되 이때 호흡에만 집중한다.

감정이 격할 때는 호흡을 하면서도 '나한테 어떻게 그럴 수 있지?', '어떤 말을 해야 하지?' 같은 생각이 떠오른다. 이는 결국 호흡을 한 게 아니라 호흡을 통해 생각을 한 것이므로 생각을 배제하기 위해 더 노력해야 한다. 호흡에만 머무는 연습을 하면 감정을 알아차림으로써 피드백에 도움을 준다.

실제로 어느 기업의 회장은 중요한 의사결정을 해야 하는 순간이면 모래시계를 돌려놓고 호흡을 하며 잠시 멈춤의 시간을 가지며 의사결정에 도움을 받는다고 한다. 나 역시 강의에서 리더들에게 이 방식을 추천하는데 실제로 자기감정을 살피는 효과를 얻어 감정적인 전달을 피했다는 후기가 많았다. 이처럼 자신의 생각과 감정을 알아차린 뒤 피드백을 하는 것은 매우 중요하다.

도움이 목적이다

피드백의 본질을 잊지 말자. 상대를 지적하거나 상황을 비판하려고 피드백을 하는 것이 아니다. 도움이 되어야Be helpful 한다.

피드백은 퍼즐과도 같다.
내 조각이 상대의 완성도를 높여주는 방향으로 가야 한다.

이를 위해 피드백이 유익할지, 어떤 방향으로 주는 것이 좋을지 충분히 고려하는 등 주의 깊은 검토가 필요하다.

잠시 멈추고 질문하기

1. 나는 의사소통에서 적극적으로 피드백을 하는 편인가?
2. 최근 내가 한 피드백을 적고 건설적인 피드백 요소와 비교해 수정할 부분을 찾아보자.

4장

소통의 기초체력이 되는
자존감 훈련하기

내 가치는 누가 인정해주어야 할까?

바로 '나'다.

자존감은 곧 수용능력을 말한다

자존감이 주목받는 시대다. 자존감은 관계 맺기에서 어떤 역할을 할까? 《죽음의 수용소에서》 저자이자 정신과의사, 심리학자인 빅토어 프랑클Viktor Frankl의 말로 알려진 아래 문구를 한번 보자.

자극과 반응 사이에는 공간이 있다.
그 공간에는 반응을 선택할 수 있는 힘이 있다.
그리고 그 반응에 우리의 성장과 자유가 달려 있다.

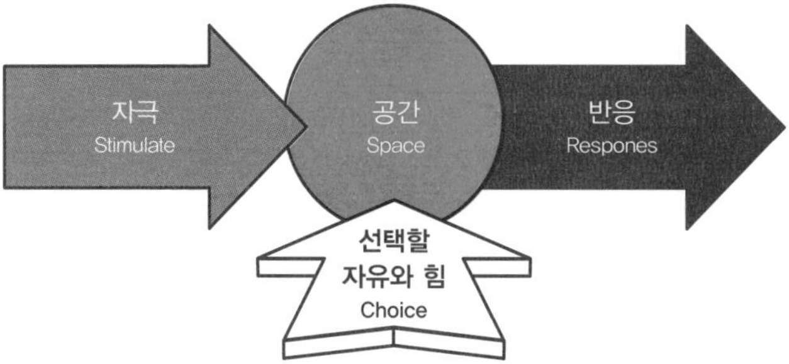

이 말을 풀이해보면 이렇다. 우리는 하루에도 수많은 자극을 받고 그것에 반응하는데, 그 사이에는 '공간'이 존재한다. 그리고 그 공간에는 우리가 어떤 반응을 할지 선택할 '힘'이 있다. 다시 말해 우리는 긍정적인 반응을 할지, 부정적인 반응을 할지 스스로 선택할 수 있다. 그리고 이 선택에 따라 우리 삶의 질이 달라진다.

'공간'을 관계의 관점에서 풀어보면 '공간의 힘에 기반한 자극 수용 능력'이다. 이 공간의 힘은 마음의 힘 혹은 자존감이라고 표현할 수 있다. 흔히 이런 말을 한다.

"야, 너는 그런 말을 듣고도 괜찮니? 자존감 진짜 높다!"

"넌 왜 그 말에 그렇게 반응하니? 너무 자존감이 낮은 거 아냐?"

공간의 힘이 없다면 자극을 받는 동시에 스스로 선택할 여유도 없이 즉각 반응한다. 반대로 공간의 힘, 즉 마음의 힘이 있으면 어떤 자극을 받았을 때 여유를 두고 어떤 반응을 선택할지 정할 수 있다. 그래서 내 마음의 '공간'을 인지하고 단련하는 것이 중요하다. 이를 돕는 것 중 대표적인 것이 마음챙김 명상과 마음치유다. 명상을 하거나 자신이 좋아하는 것을 찾아 마음을 돌보면서 자극 수용 능력을 키울 수 있다.

두 번째로 중요하게 살펴봐야 할 것은 우리가 어떤 반응을 할지 선택할 수 있다는 점이다. 보통 "네가 나를 자극해서 내가 이렇게 반응하는 거잖아"라고 말하지만 사실 상대가 자극했어도 반응은 우리의 선택이다. 다시 말해 우리는 원하는 대로 반응하는 것이 가능하다. 즉, '비록 네가 나를 자극했지만 어떻게 반응할지는 내가 선택할 거야!'가 가능하다는 것이다. 자극에 크게 영향을 받지 않고 내가 주체적으로 선택할 수 있다.

인간의 욕구 중에는 자기 선택의 욕구가 있다. 이것은 자율성의 한 형태다. 인간은 자율성이 매우 중요한 존재이기에 선택이 가능하면 상대적으로 여유가 생기지만 반면 선택할 수 없을 때 초조함이나 답답함을 느끼면서 평소보다 더 좁은 범위의 수용 능력을 보인다. 즉 스스로 선택할 수 있음을 인지하기만 해도 상대적으로 공간의 힘을 더 발휘할 수 있다.

선택의 자유는 우리의 자존감에도 영향을 준다. 의도하든, 의도하지 않든 우리는 사람과 관계를 맺으면서 온갖 자극을 받는다. 이때 내가 어떤 수용 능력을 발휘하느냐에 따라 자존감이 달라진다. 가령 "이만하면 잘했어! 괜찮아!"라고 하면 자존감이 높아지고, "아, 나는 결국 이것밖에 안 되는가 봐. 실망이야" 하면 자존감이 떨어진다. 자존감은 스스로 자신을 괜찮은 사람으로 봐줄 수 있는 능력이기 때문이다.

똑같은 자극일지라도 우리는 어떤 경우에는 그것을 디딤돌로 삼아 성장하지만 또 어떤 경우에는 걸림돌로 삼아 좌절한다. 그리고 그것을 결정하는 것이 바로 자존감이다. 그렇기에 우리 삶에서 내 마음 공간을 인지하는 일은 매우 중요하다. 마음의 공간을 어떻게 늘릴 수 있을까? 본격적으로 마음 확장 공사를 해보자.

잠시 멈추고 질문하기

평소 나는 자극에 주로 어떻게 반응하는가? 그 반응은 내 선택에 따른 것인가, 아니면 자극에 따라 그저 반응하는 것인가?

내 마음의 공간을 늘려보자

어떻게 하면 공간의 힘을 기를 수 있을까? 마음의 공간은 훈련을 통해 얼마든지 확장 가능하다. 선택의 힘과 폭을 늘리기 위해 마음을 단련해보자. 아래에 마음 공간을 더 단단하고 넓게 만들 수 있는 여러 방법을 소개한다. 모두 어렵지 않다. 다만 꾸준히 하는 것이 매우 중요하다는 점을 꼭 기억하자.

좋은 만남을 자주 갖자

우리는 좋은 만남을 의도적으로 자주 가져야 한다. 만남에는 직접적인 것과 간접적인 것이 있는데 나는 간접적인 만남을 더 추천한다. 마음 공간을 넓힐 때 '지속성'이 핵심이기 때문이다. 일상에서 자주 실천할 수 있어야 궁극적인 변화가 일어난다.

직접적인 만남은 단 한 번만으로도 큰 효과를 낼 수 있는 장점이 있지만 제반사항이 많다. 시간도 많이 내야 하고, 에너지도 많이 든다. 지속하기에 여의치 않아 일시적 효과에 그칠 가능성이 크다. 예를 들어 여행을 생각해보자. 어떤 사람들은 마음의 여유를 찾고 마음을 재정비하기 위해 여행을 즐긴다. 그런데 여행은 시간적, 금전적으로 매일같이 하기는 어렵다. 아무리 자주 떠난다 해도 일상처럼 행하기에는 무리가 있다. 이렇듯 직접적인 만남은 상황이나 환경 등 여러 조건의 영향을 받는다.

마음의 힘이 무언가로 한 방에 길러진다면 얼마나 쉽고 좋을까? 그러나 마음의 힘이 어느 한순간에 약해진 게 아니듯 기르는 것도 일상에서의 지속적인 무언가를 필요로 한다. 식물을 기르듯이 물도 주고 햇빛도 보여주고, 일상적인 돌봄을 해야 한다. 어쩌면 그래서 우리는 요즘 자신이 무엇을 좋아하는지 찾으려 애쓰는 것인지도 모른다. 내가 좋아하는 것, 즉 내게 힘을 주고 여유를 찾게 하는 것 혹은 내가 집중하게 되는 것이 무엇인지 찾는다. 그리고 그것을 일상에서 지속할 방법도 찾아내보자.

어느 날 강의 중에 참석자에게 물었다.

"무엇을 할 때 마음의 여유를 얻고 공간의 힘이 길러지나요?"

"저는 마사지를 받으면 그래요. 누군가에게 대접받는다는 생각도 들고 또 그 순간만큼은 온전히 나를 위한 시간이라는 생각이 들어요."

"아! 그렇군요. 그러면 그걸 지속적으로 하는 것이 중요합니다."

"그런데 당분간은 어려울 것 같아요."

"왜 그렇죠?"

"아이들이 있는데 아직 제 손이 많이 필요해서요. 더구나 워킹맘이라 주중에 아이들을 잘 돌보지도 못하는데 제 시간을 누리는 게 마음이 불편해요. 애들이 좀 더 크면 하려고요."

같은 워킹맘으로서 공감이 갔다. 하지만 양적 만남이 아닌 질적 만남이 중요하다. 그리고 이 두 가지를 분명하게 구분할 필요가 있다. 워킹맘은 양육 시간을 할애해 일을 선택한 것이고 이는 단순히 나 자신만을 위한 것이 아니다. 일 역시 양육을 위한 일종의 간접적인 활동이다. 그럼에도 불구하고 마냥 죄책감에 휩싸여 아이들에게 양적 시간과 만남으로 보상하려 한다면 그것이 진정한 보상일 수 있을까?

나는 숙제를 내주었다.

"좋아요, 그럼 제가 숙제를 하나 낼게요. 이번 주말에 아이들과 함께하는 자신의 모습을 적극 관찰해보실래요?"

그렇게 한 주가 지난 뒤 우리는 다시 만났다.

"어떤 모습을 관찰했나요?"

"아, 제가 그저 아이들과 시간을 같이 보내는 것만 생각했더라고요. 정말 부끄러웠어요. 피곤한 나머지 소파에 누워 아이들에게 이거 하지 마라, 저쪽으로 가서 놀아라 등 잔소리만 하고 있더라고요."

물론 그런 모습이 아닌 경우도 있다. 그러나 적어도 내가 양적 만남만 하고 있는 건 아닌지 확인해볼 필요가 있다. 만약 양적 만남만 하는 것에 불과하다면 그 시간을 나에게 주는 것이 오히려 나을 수 있다. 그래야 내 마음의 공간이 확보되어 아이들과도 시간을 잘 보낼 수 있다.

누군가에게는 영화 한 편을 보는 것일 수 있고 또 누군가에게는 가벼운 산책일 수 있다. 아니면 컬러링북을 색칠하는 것일 수도 있다. 소소하고 간접적이지만 그것이 결국 마음의 힘에 기반한 수용 능력을 기르는 데 중요한 역할을 한다.

정리를 하거나 쿠키를 굽는 것이 시간과 마음의 공간을 확보하는 방법이라고 말하는 사람도 있다. 단지 취미생활 아니냐고? 이런 것이 도움을 주겠느냐고? 애써 거창하고 중요해 보이는 것을 찾을 필요는 없다. 작고 소박하더라도 내가 좋아하고, 일상에서 지속적으로 할 수 있는 것을 찾아야 한다. 가랑비에 옷이 천천히 젖어가듯이 내 마음의 힘이 서서히 자라날 수 있게 말이다.

언젠가 사막 오지 레이서의 이야기를 들은 적이 있다.

“사막 오지 레이싱을 하다 보면 많은 사람이 탈수로 극한 상황에 이르기도 합니다. 그런데 그런 상황은 아마추어에게 더 생길까요, 아니면 프로에게 더 생길까요?”

답은 예상하는 대로 아마추어다. 그런데 이상하게도 탈수로 쓰러진 사람을 보면 허리춤에 찬 물통에 물이 그대로다. 탈수는 물이 모자라서 겪는 현상인데 말이다. 물이 충분한데도 탈수 증상이 온 것이다. 건조하고 더운 사막에서는 땀이 나는 즉시 말라버린다. 바로 바로 땀이 사라지니까 자신이 얼마만큼 땀을 흘렸는지 모르고 목이 마를 때까지 물을 마시지 않아 탈수 증상이 온 것이다. 프로는 목이 마르지 않아도 물을 마셔야 할 타이밍에 지속적으로 물을 마시지만 아마추어는 목이 마를 때까지 기다렸다가 비로소 물을 마신다. 문제는 사막이라는 극한 상황에서 목이 마른 순간까지 참았다가는 위험한 일이 발생할 수 있다는 점이다.

이 이야기를 들으며 마음 공간을 확보하는 훈련법과 비슷하다는 생각이 들었다. 자신에게 마음 공간을 허락하는 것을 우리는 ‘여유’

라고 생각한다. 그런 여유는 충분히 가능할 때나 또는 기다림 끝에 어느 순간 얻어지는 것이라고 생각하지만 그렇지 않다. 사막 오지 레이서가 목이 마르지 않아도 물을 마시는 타이밍을 지키듯 삶이라는 오지를 달리고 있는 우리도 지속적, 의도적으로 타이밍을 챙기며 마음 공간을 확보해야 한다.

몸과 마음을 '지금 여기'로, 명상 호흡

명상의 효과는 이미 여러 가지로 입증되었다. 몇 해 전 나는 세계적인 멘토이자 명상 전문가인 디팩 초프라Deepak Chopra를 초청한 세미나와 베스트셀러 《시크릿》 저자의 멘토이자 존재를 깨우는 명상가인 마이클 버나드 벡위스Michael Bernard Beckwith를 초청한 워크숍에 참석했다. 두 차례 모두 명상 호흡으로 자기 자신을 만나고 의식을 확장하는 프로그램이었다.

현대인은 과거보다 훨씬 많은 스트레스와 정신적 고통을 경험하며 살아가고 있다. 그 탓에 마음 공간을 인식하지 못하거나 마음의 힘을 기반으로 한 수용 능력이 극도로 떨어지는 경험을 자주 한다. 그러다 보니 자극에 보이는 반응을 스스로 선택하기보다 그저 자극에 따라 반응한다. 우리가 순간을 온전하게 느끼려면 밥을 먹는 순간에는 마음도 밥을 먹는 곳에 있고, 잠을 자는 순간에는 마음도 몸과 함께 잠을 청해야 한다. 그런데 많은 역할을 동시에 해내야 하는 현대인에게 이것은 결코 쉽지 않다.

우리는 몸은 여기에 있으면서 생각과 마음은 과거나 미래에 가 있는 경험을 자주 한다. 몸이 있는 곳에 마음이 함께 있도록 알아차리는 명상 호흡법으로 마음 공간을 훈련할 수 있다.

먼저 편안하게 양반다리로 앉는다. 이때 의식하지 않고 위로 올라온 다리를 아래로 바꿔 몸의 균형을 맞춘다. 흔히 몸이 틀어져 있어 바꾼 자세가 더 불편할 수도 있지만 균형 잡힌 기반을 위해 무리하지 않는 선에서 해보도록 한다. 허리는 척추 마디마디를 편다는 느낌과 누군가가 위에서 머리를 지그시 잡아당기는 느낌으로 곧게 편다. 이때 어깨에 힘이 들어가는 경우가 있는데 어깨를 살짝 흔들어 긴장을 풀고 움츠리기보다 마치 창문을 열듯 어깨를 활짝 편다. 어깨를 펴면 턱이 들릴 수 있다. 턱은 살짝 몸 쪽으로 당긴다.

손은 편안하게 무릎 위에 얹는다. 만약 마음이 복잡하다면 손바닥으로 무릎을 감싸거나 양쪽 엄지손가락을 마주한 채 양손 사이에 둥근 원이 생기는 모양으로 손을 만들고 가지런히 배꼽 아래 단전에 놓아 집중을 유도한다. 마음이 여유롭다면 손바닥을 하늘로 향하게 하고 무릎에 얹어도 좋다.

호흡은 들이쉬는 숨을 뇌까지 전달한다는 생각으로 코로 들이마시고 내쉴 때는 두 입술을 살짝 연 사이로 뱉거나 코로 뱉는다. 호흡은 1대2 호흡법으로 가령 3초간 들이마셨다면 6초를 내쉬고, 4초간 들이마셨다면 8초를 내쉰다. 이때 호흡은 가늘고 길게 들이마시고 끝까지 내쉰다.

호흡을 하다 보면 잡념이 생기기도 하지만 자책할 것 없이 '아, 딴생각을 했네' 알아차리고 의식을 지금 호흡하는 이곳으로 다시 가져오면 된다. 보다 집중을 잘하려면 호흡 소리를 집중해서 듣거나 '숨을 들이마시고 있다', '숨을 내쉬고 있다'라고 마음속으로 반복하면서 호흡을 따라간다.

눈은 처음엔 먼 곳의 한 지점을 정해 멍하니 응시하거나 코끝을 가만히 응시한다. 그러다 집중되면 눈을 지그시 감는데 눈을 감으면 오히려 잡념이 더 잘 떠오르는 경우가 많다. 이것 역시 알아차리고 호흡 소리에 집중하거나 호흡을 되뇌며 집중한다.

듣기에 편안한 음악 혹은 자연의 소리를 들어도 좋지만 가사가 있거나 자신에게 어떤 의미가 있는 음악은 집중을 흐트러뜨릴 수 있으므로 피한다.

이렇게 매일 10분씩 아침이나 잠들기 전에 명상을 하면 좀 더 마음에 집중하는 힘을 기를 수 있다. 명상 호흡을 하기 전과 후의 차이를 느끼며 스스로 피드백을 하면 더 좋다. 또 가볍게 언제 어디서든 자세를 제외하고 호흡만으로도 충분히 명상을 할 수 있다.

나는 강의를 하기 전에 명상 호흡을 한다. 강의할 때 여러 환경이나 조건에 자극을 받기 때문에 짧지만 온전히 호흡에 집중하고 나면 걸음걸이부터 달라지고 시야가 훨씬 넓어진다. 내면 상태는 수용 능력이 높아지고 좀 더 내가 원하는 반응을 선택하게 한다.

상대를 향한 마음이 곧 나를 위한 마음이다

우리에게는 선한 영향력으로 인정을 받고 싶은 욕구가 있다. 선한 행동을 한 자신을 보면서 '이만하면 나도 괜찮은 사람이야'라고 생각하고 자신의 가치를 스스로 인정한다. 조금은 가식적인 선함이라 할지라도 이런 행동은 자극 수용 능력을 길러준다. 그렇기에 이타적인 행동과 마음을 습관화할 필요가 있다. 처음의 의도는 인정 욕구에 의해 시작되었다고 해도 점차 하다 보면 순수한 이타심도 덩달아 습관화된다.

사실 나 하나 챙기기에도 바쁜 세상이다. 남을 위한다는 것은 배부른 소리로 들릴지도 모른다. 하지만 여기서 말하는 이타적인 행동과 마음은 그리 거창하지 않다. 주변 사람을 향한 작은 마음부터 시작해보자. 그냥 이렇게 빌어보는 거다.

'나와 함께하는 저 사람이 행복했으면 좋겠다.'

'우리 모두 어제보다 더 나은 하루를 보냈으면 좋겠다.'

5초 정도 걸렸을까? 잠시 바람을 빌었을 뿐, 특별히 한 것은 없지만 내가 괜찮아 보이고 덕분에 마음 공간도 조금 넓어졌다.

강의를 하다 보면 "아직 마음이 움직이지 않는데 어떻게 하면 좋을까요?"라며 어려움을 호소하는 사람도 만난다. 그럴 때 나는 다시 질문을 한다.

"어떻게 해야 좋은지 알면서도 마음이 움직이지 않을 때 어떻게 하시겠어요?"

가장 흔한 대답은 "그런 마음이 들게끔 노력해야죠", "아직 마음이 동하지 않았으니 조금 기다려 봐야지요"다. 대부분 마음이 먼저라고 생각한다. 마음이 생겨야 비로소 행동을 할 수 있다고 말이다. 내 대답은 그 반대다. 마음이 동하지 않았다면 행동부터 해보자. 마음이 움직여 행동하면 더할 나위 없이 좋겠지만 평소 해보지 않았던 행동일수록 마음이 생기는 건 좀처럼 쉽지 않다. 오히려 생각하면 할수록 마음이 동하지 않는 이유가 더 명확해지기도 한다. 그러니 그냥 해보는 거다.

나이키의 슬로건 '저스트 두 잇Just do it'을 나는 이렇게 해석한다.

'운동이 좋아서 하면 최고겠지만 그렇지 않아도 일단 한번 해보자. 그러면 당신은 곧 운동을 좋아하게 될 것이다.'

이러한 경험을 해본 적 있지 않은가. 하다 보니 좋아진 적 말이다. 봉사활동을 예로 들어보자. 순서를 '봉사활동을 하고 싶다'는 마음이 생겨서 '행동'을 한다면 과연 그 적극적인 마음은 언제 어떻게 생길까? 자연 발생하길 기다리다 보면 아마 평생 못할 것이다. 만약 회사에서 봉사활동을 한다기에 어쩔 수 없이 참석했다면 어떨까? 막상 반강제적으로 봉사활동을 해보니 더욱더 마음이 동해 다음에는 스스로 봉사할 기회를 찾을 수도 있다. 바로 이런 것이다.

선한 행동을 하다 보면
선한 사람이 된다.

Being good by doing good.

"남편이 미운데 어떻게 하면 남편을 미워하지 않으면서 여기서 배운 말을 할 수 있을까요?"

물론 남편을 미워하게 된 원인을 찾고 남편을 바라보는 시선을 바꾸는 마음 훈련도 함께해야겠지만 나는 이렇게 권한다.

"마음이 생길 때까지 기다리지 말고 여기서 배운 말을 우선 써보세요. 분명 남편보다 나 자신에게 먼저 변화가 찾아올 겁니다."

일주일 뒤 그녀는 이렇게 말했다.

"말을 바꾸니까 제 기분이 덜 나쁘고 그런 제 모습이 좋아보이더라고요."

한 번의 경험으로 큰 변화가 찾아오지는 않는다. 하지만 지속적으로 행동에 힘을 기울이면 결과는 당연히 좋아진다.

자존감이 낮은 경우 으레 자존감을 높이는 마음 공부를 하고 수

양하는 것에 초점을 둔다. 먼저 수용 행동을 하거나 말을 해보는 것은 비록 온전한 자존감에서 우러난 행동이 아니지만 그것만으로도 변화하고 마음의 힘을 기르기 시작하는 데는 충분하다. 무언가를 행하고 그것으로 인해 자신을 괜찮은 사람이라고 느끼는 것은 스스로를 괜찮은 사람이라고 느낀 후 행동하는 것만큼 중요하다. 사실 순서는 상관없다.

잠시 멈추고 질문하기

1. 내게 마음의 힘을 주는 것에는 무엇이 있는지 생각해보고 일상에서 지속적으로 실천할 과제를 정해보자.
2. 이타적인 마음이 생겼을 때 스스로에 대해 어떤 느낌이 드는지 관찰해보자.

자존감을 높이는 기본적인 방법들

우리는 자존감이 관계를 맺을 때뿐 아니라 삶의 모든 영역에서 매우 중요하다는 것을 알고 있다. 자존감만을 본격적으로 다루는 책이

나 훈련 프로그램도 굉장히 많다. 여기서는 그중 핵심이라고 할 수 있는 것들을 몇 가지 소개한다.

나의 가치를 인정하자

자신을 괜찮은 사람으로 그 가치를 인정하는 자존감은 먼저 자기 자신부터 시작해야 한다.

호텔경영을 공부하기 위해 유학을 갔던 나는 호텔에서 장기간 투숙하며 직간접 경험을 동시에 하는 프로그램에 참여했었다. 당신은 호텔하면 어떤 이미지가 떠오르는가? 아마도 화려한 샹들리에로 멋을 더하고 정갈한 유니폼을 입은 직원들이 반겨주는 고급스러움일 것이다. 나 역시 호텔의 처음 이미지가 그랬다. 그런데 화려함과 고급스러움에 눈길을 주다가 어느 순간 내 방을 청소하는 하우스키퍼가 눈에 들어왔다.

하우스키퍼는 호텔의 객실 청소와 정비를 담당하는 사람이다. 유니폼이나 업무가 그리 화려하지도, 눈에 띄지도 않는다. 그런데 이상하게도 나는 그 사람이 유달리 인상 깊었고 그에 대해 궁금증이 생겼다. 어느 날 잠시 여유로운 틈을 타 말을 걸었다.

"호텔에서 몇 년 근무하셨어요?"

"20년이 좀 넘었지요."

"아니, 20년 동안 이 일만 하셨어요? 다른 일을 할 수도 있었을 텐데요."

하우스키퍼 일은 힘들고 사람들이 그리 선호하는 직업도 아니라고 생각한 나는 오랜 기간 일하기 어렵지 않을까 싶어 그렇게 말한 것이었다. 그런데 그녀는 단 1초도 망설이지 않고 내게 말했다.

"나는 내 일을 사랑해요! 나는 나 자신을 청소부라고 생각하지 않아요. 나는 치료사나 마찬가지예요. 생각해봐요. 사람들이 객실에 들어올 때는 여행이든 비즈니스든 대부분 지쳐서 오지요. 내가 청소한 방에서 하룻밤을 보내고 방전된 배터리를 충전한 것처럼 호텔을 나서는 모습을 볼 때면 얼마나 뿌듯한지 몰라요. 그러니 내가 치료사가 아니고 뭔가요."

그녀는 미소를 짓더니 말을 이었다.

"내 가족은 이런 나를 항상 자랑스러워해요. 나 역시 내가 자랑스러워요."

그제야 나는 그 사람이 왜 눈에 띄었는지 알게 되었다. 그리고 그날 나는 화려한 겉모습이 좋아서 배우기 시작한 서비스에 대한 개념을 송두리째 바꿔버렸다.

자존감이란 나의 가치를 알아주고, 스스로를 존중하는 마음인데 우리는 있는 그대로의 나를 존중하기보다 자신이 하고 있는 역할이나 환경을 존중하고, 그에 따라 자신의 가치를 매긴다.

남아프리카공화국에서 한 외국 군인이 길을 가다 공기놀이를 하는 아이들을 발견했다. 그 광경을 바라보던 군인은 깜짝 놀랐다. 아이들이 갖고 노는 공깃돌이 값비싼 다이아몬드였기 때문이다. 군인은 아이들에게 말했다.

"너희가 가지고 노는 공깃돌을 내게 주면 내가 가지고 있는 초콜릿을 줄게."

아이들은 이내 관심을 보였고 한 아이가 벌떡 일어나더니 이렇게 말했다.

"우리 집에 이것보다 더 큰 것이 있어요."

그러자 군인은 더 큰 것을 가져오면 더 큰 초콜릿을 주겠다고 제안했고 곧 그들만의 거래가 이뤄졌다. 자신이 아무리 다이아몬드 같은 가치를 지니고 있어도 스스로 그 가치를 알지 못해 인정하지 않으면 그것을 초콜릿과 바꿔버리는 실수를 범할 수도 있다.

내 가치는 누가 인정해주어야 할까?
바로 '나'다.

다른 사람들이 기피하고 등한시하는 일을 하면서도 스스로 그것의 가치를 인정함으로써 누구보다 빛났던 하우스키퍼처럼 스스로의 가치를 인정하는 것은 매우 중요하다.

우리는 자존감을 기르고 싶어 한다. 그런데 아이러니하게도 그

핵심인 자신의 가치를 스스로 인정하는 일에는 언제나 인색하다. 그러곤 늘 남에게 인정받으려 발버둥친다.

나 역시 그랬다. 누군가가 "옷맵시가 참 좋네요"라고 칭찬하면 "아, 그래요? 이거 굉장히 싸게 주고 샀어요"라고 대답했고, "어머, 아드님이 정말 잘생겼네요" 하면 "그런데 말을 안 들어요. 진짜 같이 있으면 속에서 열불이 나요" 하고 깎아내렸다. 왜 우리는 자신의 가치를 인정하는 것에 이토록 인색할까?

어쩌면 스스로 자신의 가치를 인정하는 것은 거만한 짓이고, 타인의 칭찬을 그대로 받아들이는 것은 겸손하지 못한 행동이라고 잘못 배워왔기 때문인지도 모른다. 나는 강의에서도 이런 사람들을 자주 만난다. 다 갖췄으면서도 스스로 인정하지 않아 매력을 떨어뜨리는 사람, 반대로 특별할 것 없으면서도 자신을 사랑하고 인정해 멋과 매력을 내뿜는 사람.

지금은 나를 인정하고 드러내는 시대다. 자신의 가치를 스스로 인정하지 못하면 다른 누구의 인정도 받아들이지 못한다. 자신의 가치를 스스로 인정하고 빛내는 사람이 되자.

잠시 멈추고 질문하기

다음은 사회심리학자 모리스 로젠버그Morris Rosenberg가 개발한 자존감 테스트다. 총 10문항으로 구성되어 개인의 자아 존중감을 측정할 수 있다. 문항은 자아만족 정도, 자아인지 정도, 자아비하 정도의 세 가지 요인으로 나누어져 있다.

자아만족 정도는 내가 내 외모, 성격, 인간관계에 어느 정도 만족하고 있는지를 질문(1, 2, 4, 6, 7번 문항)하며, 자아인지 정도는 사회에서 맺는 관계 내에서 자기 자신을 하나의 인격체로 인정하고 있는지, 그리고 타인과 관계를 형성하는 자세가 갖추어져 있는지를 질문한다(8, 9, 10번 문항). 마지막으로 자아비하 정도는 자신을 무의미하거나 필요 없는 존재로 인식하고 있는지를 묻는다(3, 5번 문항).

아래 문항을 보며 내가 나 자신을 어떻게 보는지를 체크해보자.

| 자존감 셀프테스트 |

	전혀 아니다	대체로 아니다	대체로 그렇다	거의 그렇다
1. 나는 내가 다른 사람들처럼 가치 있는 사람이라고 생각한다.	1	2	3	4
2. 나는 좋은 성품을 가졌다고 생각한다.	1	2	3	4
3. 나는 대체적으로 실패한 사람이라는 생각이 든다.	4	3	2	1

4. 나는 대부분의 다른 사람들과 같이 일을 잘 할 수 있다.	1	2	3	4
5. 나는 자랑할 것이 별로 없다.	4	3	2	1
6. 나는 내 자신에 대하여 긍정적인 태도를 가지고 있다.	1	2	3	4
7. 나는 내 자신에 대하여 대체로 만족한다.	1	2	3	4
8. 나는 내 자신을 좀 더 존경할 수 있으면 좋겠다.	4	3	2	1
9. 나는 가끔 내 자신이 쓸모없는 사람이라는 느낌이 든다.	4	3	2	1
10. 나는 때때로 내가 좋지 않은 사람이라고 생각한다.	4	3	2	1

총점이 높을수록 자존감이 높으며, 10점~19점일 경우 낮은 수준의 자존감, 20~29점일 경우 보통 수준의 자존감, 30점 이상일 경우 높은 수준의 자존감을 나타낸다. 스스로의 가치를 얼마나 인정하는지 점수로 계산해보자. 만약 점수가 낮다면 그 이유를 생각해보고 자신을 인정하는 말을 스스로에게 해주자.

재해석의 힘

소통 강의를 진행하면서 내가 느낀 것 중 하나는 '자존심은 강하지만 자존감은 낮은 사람'이 꽤 많다는 점이다. 어쩌면 이는 당연한 일인지도 모른다. 자존감은 어린 시절 성장 환경의 영향을 많이 받는데 한국 전쟁과 IMF 등을 거친 부모 세대는 자존감을 인식하지 못한 채 살아왔기 때문이다. 경제적 성공이 주요 화두였던 부모 밑에서 자란 세대도 자존감을 충분히 형성하기 어려운 환경에서 자라났을 확률이 높다. 그렇다면 어린 시절에 형성한 낮은 자존감으로 계속 살아가야 할까? 그렇지 않다. 자존감은 훈련으로 높일 수 있다.

그중에서 중요한 한 가지를 짚어보자. 바로 '재해석'이다. 같은 자극을 주는 경험도 그것을 어떻게 해석하고 바라보느냐에 따라 결과가 달라지고 그것으로 인한 자존감도 달라진다.

강의 참석자 중에 어렸을 때 어머니가 집을 나가는 바람에 부모님이 이혼한 공통 경험을 가진 두 명의 중년 참석자가 있었다. 한 사람은 어머니가 소위 '춤바람'이 난 경우였고 다른 한 사람은 '가정폭력' 때문이었다. 아버지의 폭력으로 어머니가 떠난 사람은 누가 봐도 성공했는데 여전히 자신의 과거 때문에 불안해했고 그 경험에 대해 말하면서도 감정을 추스르지 못하고 울먹였다. 반면 춤바람으로 어머니가 집을 떠난 사람은 상대적으로 건강해 보였고 오히려 자신을 그 일과 연관 지어 소개했다.

"안녕하세요! 저를 소개해보겠습니다. 사실 저는 전축보다 못한 사람이었습니다."

무슨 말인지 모두가 궁금해하는 가운데 그녀는 꽤 유쾌하게 자신의 이야기를 이어갔다.

"제가 어릴 때 부모님이 이혼했는데 당시 어머니가 춤바람으로 집을 나갔습니다. 아주 어린 나이에 겪은 일이 아니라서 그때를 생생히 기억합니다. 나도 데리고 가라며 어머니 바짓가랑이를 붙잡기도 했지요. 한데 어머니는 제가 아니라 전축을 안고 가더라고요. 그 날 이후 저는 '나는 전축보다 못한 아이구나' 하고 자존감이 바닥을 기는 아이가 되었습니다."

비록 유쾌하게 말했지만 듣는 내내 마음이 아팠다. 그래도 숨기고 싶은 이야기를 당당하게 털어놓는 그녀가 건강해 보여서 참으로 다행이었다.

"어릴 때는 그런 마음으로 자랐는데 어른이 되고 보니 그때의 어머니가 그저 한 사람으로서 이해가 가더라고요. 엄마가 아니고 한 명의 사람으로요. 나중에 어머니를 다시 만나 그때 왜 나를 데려가지 않았느냐고 물어봤습니다. 어머니는 미안하다고 말하며 적어도 아버지와 함께 있으면 학교도 다니고 밥도 굶지 않을 것 같아서 그랬다고 하더라고요. 제가 전축보다 못나서가 아니고요. 그렇게 어머니를 이해하게 되었고 지금은 어머니와 함께 살고 있습니다."

나는 그녀의 용기와 포용력에 박수를 보냈다. 바로 이것이 재해석에 따른 결과다. 어머니를 한 명의 사람으로 보는 것, 그렇게 함으로써 더 이해하고 연결되어 부모의 이혼을 슬픔이 아닌 그저 하나의 사건으로 돌려놓았다. 무엇보다 그것을 현재가 아닌 과거의 일로 두어 현재의 감정에 크게 영향을 주지 않았다. 진정 그녀는 현재를 살고 있었다.

다른 사람의 경우는 조금 달랐다.

"제 과거는 가족도 잘 모릅니다. 제가 엄마가 되어보니 더 부끄럽고 이해할 수가 없더라고요. 같은 엄마로서 도저히…. 저는 어머니가 살아 있는 동안만 아이들과 남편을 위해 어쩔 수 없이 어머니를 대접할 생각입니다. 돌아가시면… 글쎄요…."

그녀는 말하는 내내 감정에 흔들렸고 여전히 과거의 그 시점에 머물러 있는 상처받은 어린아이였다. 지금은 경제적, 사회적으로 성공했지만 재해석하지 못한 과거로 인해 자신을 숨기고 또 그것을 두려워하며 자책하는 모습이 안타까웠다.

우리에게는 내 의사와 상관없이 겪었던 수많은 과거 경험이 있다. 모두 밝고 행복했다면 좋겠지만 사실 그렇지 않은 경우가 많다.

특히 어린 시절에 겪은 일일수록 내 안에 힘이 없었기 때문에 마음에 크게 남아 있는 경우도 있다. 그것을 계속 상처로 남겨놓고 여전히 그것으로부터 영향을 받아야 할까? 그렇지 않다. 그 경험을 현재 어떻게 재해석하느냐에 따라 우리는 진정 현재에 머물 수 있다.

재해석을 할 때는 제3자의 관점에서 생각해야 개인적인 감정의 영향을 덜 받는다. 이때 내가 기억하는 것이 사실이 아닐 수 있음을 전제해야 한다. 그래야 상황을 보다 객관적으로 보고 그것을 내 의지와 상관없었던 것으로 받아들이며 말 그대로 지난 '과거의 일'로 분리할 수 있다.

무엇보다 재해석의 목적은
과거에 내게 아픔을 준 상대를 용서하려는 게 아니라
나를 현재에 온전히 살게 하는 데 있다.

이것을 명확하게 알아두지 않으면 재해석을 하기도 전에 '왜 내가 그래야 하는데? 난 잘못한 게 없는데'라는 억울함이 밀려오고 감정에 휘말린다. 재해석은 그 누구도 아닌 나를 위해서 하는 것이다.

과거에 어쩔 수 없이 상처를 받았던 어린자아에게 들려주고 싶은 시가 있다. 권영상 시인의 〈누가 지우개를 주면서〉이다.

지우개를 주면서
누가 그랬습니다.
지우고 싶은 날이 있으면 지우라고.
내겐 그런 날이 있었거든요.
엄마가 아파 병원에 입원했던 날,
나 혼자 외로워 종일토록 운 날,
친구가 미워 속상해한 날이 있었습니다.
나는 이 날들을 지우기 위해
지우개를 받아 들었습니다.
그러나 곰곰이 생각해 보니
이런 날들도 모두 나를 키워 준
소중한 날들 중의 하나였습니다.
다시 지우개를
돌려주어야 할 것 같습니다 .
선뜻 지워 버려도 좋을 날은
내게는 없었습니다.

과거의 어떤 경험으로 여전히 영향을 받고 있다면 억지로 감정과 생각을 정리하려 할 필요는 없다. 그래도 한 번쯤 힘을 내서 상황을 객관화해보길 권한다. 왜냐하면 우리는 생각을 사실로 믿으며 특히 자신에게 힘이 없을 때 사건을 확대 저장하기 때문이다. 무조건 긍정적으로 해석할 필요는 없지만 최소한 동등한 입장과 객관적인 환경에서 생각해보면 좀 더 과거 사건에서 벗어나 현재를 살 수 있다.

더러는 재해석이나 객관화조차 도움을 주지 못하는 사건도 있다. 이럴 때 우리는 어떻게 해야 할까? 계속해서 그것에 영향을 받는 삶을 살아야 할까? 쉽지는 않겠지만 당연히 그래야 하는 것은 아니다. 이 경우엔 '단념'이라는 방법을 써보자. 사실 그 사건을 있는 그대로 인정하자는 말이지만 그것보다는 단념이라고 표현하면 훨씬 쉽다. 이렇게 말해보는 거다.

"그래, 그게 내 과거야. 그래서 뭐?"

So what?

'쿨'하게 과거를 과거에 두는 일에만 집중하는 것이다. 중요한 것은 우리가 현재를 살아가고 있고 또 그렇게 살아야 한다는 점이다. 실은 많은 사람이 물리적으로는 현재에 있지만 심리적으로는 여전히 과거에 머물고 있다. 쉽진 않아도 '지금은 아니다'라고 지금의 상황을 정확하게 인지하려고 노력하면서 힘이 없어 어찌할 수 없던 과거의 나를 더 공감해주고 위로하길 권한다. 그때를 '내가 어찌할 수 없는 영역'으로 분리해 소중한 내 시간과 에너지를 쏟지 말자.

잠시 멈추고 질문하기

아래는 재해석하는 방법이다. 여전히 나를 힘들게 하는 과거의 경험 하나를 골라 아래 방법을 따라하며 재해석해보자.

1. 내 기억이 사실이 아닐 수 있음을 전제하고 관찰을 바탕으로 무엇을 듣고 보고 경험했는지 최대한 객관적으로 서술한다.
2. 감정이 올라오면 충분히 느끼되 그 감정으로 사건을 판단하지 않는다.
3. 제3자의 시각으로 바라볼 때 나타나는 감정 변화를 비교해본다.
4. 그것은 그저 내 과거임을 인정하면서 "그래, 그게 내 과거야. 그래서 뭐?"라고 소리내어 말해보고 현재에 머물기를 적용해본다.

성공 경험이 자존감을 높여준다

자존감을 위해 우리에게 필요한 요소에는 또 무엇이 있을까? 바로 성공 경험과 성취감이다. 자존감은 우리를 존재 자체로 소중하게 여기는 것을 말하지만 현실적으로 내 존재만으로 자존감을 유지하기 쉽지 않다.

가령 아이에게 "너는 누구와도 비교할 수 없을 만큼 소중하단다"라는 말을 해주면 본질적인 자존감을 형성해주지만 그런 존재론적인 것만으로는 자존감이 튼튼하게 뿌리내리기에 조금 부족하다. 여기에 더해 아이들에게 자신이 가치 있다는 것을 스스로 느끼게끔 해주어야 한다. 그중 하나가 바로 성공 경험과 성취감이다. 좀 극단적인 표현이지만 "부모가 죽어야 자녀가 산다"는 말도 있다. 부모더러 생물학적으로 죽으라는 뜻이 아니다. 요즘 부모들이 자식에게 지나치게 열정을 쏟으면서 아이들이 주체적으로 설 자리를 빼앗는 바람에 나온 말이다.

내 아들이 영어를 배우기 시작할 무렵의 일이다. 나는 다른 무엇보다 아이가 영어를 잘했으면 했다. 그래서 직접 영어를 조금씩 가르쳐주었다. 당연히 아이보다는 내가 잘했을 테고 반대로 아이는 실수투성이였으리라. 아이가 용기를 내 영어를 말할 때마다 나는 여지없이 틀린 부분을 수정해주었고, 급기야 아이는 더 이상 내 앞에서 영어를 쓰려 하지 않았다.

'영어가 재미없는 걸까? 언어에 흥미를 느끼는 유형이 아닌가?'

이런저런 고민을 하던 중 어느 날 놀이터에서 할머니에게 영어를 가르치는 아이를 보았다. 슬쩍 들어보니 아이의 영어는 그야말로 엉망이었다. 그런데 아이는 할머니가 영어를 모른다는 생각에 당당하고 거침없이 영어를 쓰고 있었다. 그때 나는 깨달았다. 아들은 영어가 재미없었던 것이 아니라 자꾸만 틀렸다고 말하는 엄마 곁에서 동기부여를 받지 못한 것이었다. 자존감을 높이는 부모의 행동 중 하나는 아이가 성공할 만한 것을 던져주고 그것을 해낸 자신감으로 스스로 가치를 인정하게 하는 일이다. 그런 아이는 이렇게 말한다.

"또 내가 할 일이 있으면 말해주세요!"

어떤 부모는 아이의 성공을 당연히 여기고 실패했을 경우에 매섭게 질책한다. 이때 아이는 "나는 잘 못해" 하며 자기 가치를 떨어뜨리는 심리 상태에 놓인다. 심지어 아이에게 "넌 왜 그렇게 자신감이 없니?" 하며 또다시 사기를 떨어뜨린다. 그런 상황에서 아이에게 아무리 "너는 소중해"라고 말해도 자존감을 회복하기란 쉽지 않다.

어른도 마찬가지다. 무언가를 해내면서 자기 가치를 확인한다. 그러므로 어른인 우리도 자존감을 위해 스스로 성공 경험과 성취감을 자주 맛보도록 해주면 좋다. 일상에서 작은 성취로 '내가 해냈다'는 느낌을 갖게 하는 것이 중요하다. 예를 들어 목표했던 대로 아침에 일찍 일어났다거나 나를 위해 맛있는 요리를 완성했다 정도면 충분하다.

자존감 향상을 위해 기억해야 할 두 가지

자존감을 높이는 훈련을 할 때 꼭 기억해야 할 두 가지가 있다.

첫째, 자존감이 높지 않은 상태에서 무언가를 해낼 때, 특히 그것이 새로운 도전일 때는 무조건 첫 시도에 성공 경험을 얻자. 예를 들어 오늘 평소에 잘 입지 않던 스타일로 멋을 내고 출근했다고 가정해보자. 만약 직원 A는 평소 긍정적이고, 직원 B는 냉소적인 편이라면 누구에게 먼저 나를 노출하는 것이 좋을까? 바로 A다. 의도적으로라도 A를 가까이해서 "어머, 정말 잘 어울린다. 평소에도 그렇게 입고 다녀. 아주 예쁘네"라는 긍정적인 피드백을 받는다. 이 작은 성공 경험은 내 마음의 힘을 높여준다. 이젠 B가 "왜 평소에 입지 않던 걸…, 그냥 하던 대로 해"라는 냉소적인 자극을 주더라도 "그래? 많이 이상해? 그래도 난 이게 좋아"라며 흔들림 없이 내 의견을 말할 힘이 생긴다.

나는 초보 강사들에게도 이 방식을 추천한다. 처음에는 의도적으로라도 성공 경험을 얻게 해줄 대상이나 주제를 선택하라고 말이다. 특히 자존감을 훈련하고 있다면 내게 햇살 같은 에너지를 주는 사람을 자주 가까이하기를 추천한다. 그 후에는 누구를 만나든 상대의 자극에도 자신의 선택에 머무는 힘이 생긴다.

둘째, 어떤 도전이든 그 안에는 성공 요소도 있고, 실패 요소도 있으므로 성공 요소를 찾아 자신을 칭찬하고 응원한다.

국가대표급 운동선수는 실력이 다들 뛰어나다. 그래서 결정적인 순간 정신적인 부분이 승부를 가른다고 해도 과언이 아니다. 가령 실력은 비슷한데 결과를 바라보는 태도에 차이가 있는 두 선수가 있다고 해보자. 선수 A는 최종 목표에 미치지 못한 상황을 불안해했고, 선수 B는 최종 목표를 염두에 두면서도 과정의 성공에 초점을 두었다. 결국 누가 최종 목표를 달성할 확률이 높을까?

선수 A는 잘하고 있으면서도 '아, 또 목표 점수에 미치지 못했네', '다음에도 결과가 나쁘면 어쩌지?'라는 생각을 반복하고 막연한 불안감에 휩싸이면서 자신에게 부정적 영향을 준다. 선수들이 기피하는 현상 중 하나가 연패인데, 연속해서 실패하면 학습된 실패로 무기력감에 빠지기 때문이다. 선수 A는 마치 연패를 한 것처럼 부정적인 시선을 반복해 무기력감에 빠질 수 있다. 반면 선수 B는 비록 최종 목표에 미치지 못했어도 지난번과 달라진 혹은 나아진 자신을 응원하고 칭찬하면서 원하는 결과에 훨씬 가까이 다가간다.

마찬가지로 우리도 자존감에 도전하다 보면 처음부터 원하는 만큼 잘 되지 않는다. 새로운 시도를 하느라 오히려 쓴맛을 볼 수도 있다. 그럴 땐 최종 모습만 기대하면서 오늘의 도전을 실패로 여기기보다 어제보다 나아진 나를 찾아내 그것을 인정하고 칭찬하며 계속 나아가야 한다.

역할이 아닌 존재로서 나를 중심에 두기

우리에게는 각자의 역할이 있다. 때로는 역할이 나를 대신하면서 내 전부인 것처럼 여겨지기도 한다. 이때 흔히 존재 자체보다 역할이

해내는 결과에 따라 내 가치를 측정한다. 즉, 무언가를 잘 해냈을 때만 나를 인정하고 좋아해준다. 반대로 잘하지 못하면 나와 역할을 분리해서 생각하지 못하고 '이것도 못하는 사람' 혹은 '존재 가치가 없는 사람'이라며 자신의 존재를 낮춘다.

이런 태도는 부모가 아이를 성과에 따라 인정해주는 것과 마찬가지다. 존재 그 자체로 '너를 사랑해'가 아니라 '네가 이것을 잘해서 사랑해'라고 하는 것이다. '그 역할을 해내지 못하면 너는 사랑받을 수 없어'라는 말과 같다. 물론 사회생활을 할 때는 어쩔 수 없이 역할의 비중이 크겠지만 그래도 우리는 자신을 존재 자체로 받아들이고 중심에 둬야 한다. 우리 자신에게 이렇게 말해주자.

"무엇을 해내든 그렇지 않든
너는 그저 너로서 소중해."

Love yourself just the way you are.

잠시 멈추고 질문하기

평소 나는 새로운 도전을 할 때 내게 어떤 시선을 주는지 확인해보자. 만약 과정의 성공을 인정하지 않는다면 이제부터 자신을 적극 응원하고 인정하는 연습을 해보자.

5장

소통의 밑바탕이 되는 감정과 욕구 이해하기

욕구가 행동하게 하는 에너지라면,

감정은 그 욕구가 충족되었는지를 알려주는 신호다.

감정의
주인 되기

어떤 경우든 주체적인 선택은 우리에게 아주 중요하다. 하지만 생각처럼 주체적으로 선택하기란 쉽지 않다. 급기야 선택을 두려워하기도 한다. 할 수 있는 한 선택을 보류하고, 다른 이에게 선택을 넘기며 포기하기도 한다.

선택이 쉬워지는 비법이 있다. 먼저 감정에 관한 인식을 전환해야 한다. 인간은 감정의 동물이라 불릴 만큼 삶에서 감정은 중요한 역할을 한다. 감정 조절 능력이 뛰어난 사람은 상대적으로 자신이 원하는 방향으로 선택할 확률이 높고 궁극적으로 자존감에 긍정적인 영향을 준다. 왜 선택에 있어 감정의 주인이 되는 것이 중요할까? 감정을 잘 다루지 못해 그릇되거나 의도치 않은 선택을 하는 경우가 많은데 여기에는 몇 가지 이유가 있다.

감정을 이분법적으로 보기 때문에

이분법적 사고란 세상에 존재하는 경우의 수를 두 가지밖에 없다고 여기는 것을 말한다. 다시 말해 감정을 '긍정적 감정'과 '부정적 감정' 두 가지로만 나눈다. 흔히 기쁘다, 행복하다, 편안하다, 시원하다 같은 감정은 긍정적 감정이라 하고, 반대로 슬프다, 외롭다, 화가 난다, 답답하다 등은 부정적 감정으로 본다. 그리고 긍정적 감정을 느끼는 나는 '제대로 살고 있다', '잘하고 있다'라고 해석해 자신을 가치 있는 존재로 판단한다. 이와 달리 부정적 감정을 느끼는 나는 '무언가 잘못되고 있다', '능력이 없다'고 해석해 자신을 가치 없는 존재로 여긴다.

이것은 마치 색깔을 '검정색'과 '하얀색'만 있다고 하는 것과 같다. 세상에는 무수하게 다양한 색깔이 존재한다. 감정도 마찬가지다. 우리가 느끼는 수많은 감정을 단 두 가지 분류로만 정의하고 판단하는 것은 무리가 있다. 예를 들어 누군가가 갑자기 내 빰을 무작정 한 대 때렸다고 해보자. 이때 내 감정은 어떨까? 아마 당황스러움, 부끄러움, 화가 남 등의 감정을 느낄 것이다. 이러한 감정은 부정적 감정이니 잘못된 것일까? 이럴 때조차 긍정적 감정을 느껴야 잘 살고 있는 것일까? 무작정 누가 날 쳤는데 당황하고 화가 나는 것은 당연하고 건강한 일이다.

그런데 현실에서는 많은 감정이 온전하게 받아들여지지 않는다.

왜 우리는 감정을 긍정과 부정이라는 기준으로만 받아들이는 걸까? 안타깝게도 많은 부분이 성장하면서 겪은 사회화의 영향을 받는다. 특히 50년대생부터 80년대생까지의 세대는 자존감이라는 단어에 익숙지 않은 삶을 살았다. '나'라는 존재의 감정을 느끼고 반응하기보다 내가 하는 '역할'을 더 우선시하고 중요하게 여겼다. 어려운 시절을 겪으며 먹고살기 바빴던 그들에게 감정은 사치이자 효율성을 떨어뜨리는 것이라 가능한 한 피하고 주의해야 했을지도 모른다. 동시에 긍정적인 감정을 느끼려 애썼고 또 그런 요구를 받았다. 우리 역시 '웃어서 예뻐', '밝아서 좋아', '싸우지 마! 싸우는 건 나쁜 거야', '왜 또 그래. 뭐가 불만이야. 좀 웃어'라는 말을 많이 들으며 자라지 않았는가. 그래서 그런지 우리는 밝은 것을 마냥 좋은 것으로 인식한다. 날씨가 매일 화창한 것만 좋은 것은 아니다. 무더운 아프리카에서 식물이 잘 자라지 못하는 이유와 같다. 때로는 바람도, 비도, 눈도 필요하다.

좋은 감정도 없고,
나쁜 감정도 없다.

감정은 자극에 따른 반응일 뿐이다. 감정을 이분화하지 않은 채 나를 찾아온 현재의 감정을 온전하게 느끼고 인정하면서, 자기 자신과 연결하고 연민을 느끼는 것이 중요하다. 그래야 비로소 감정을 오롯이 느끼고 내가 원하는 반응을 선택할 힘을 얻는다. 만약 그렇게 하지 않으면 소통에서 아주 중요한 공감 능력이 떨어진다. 낮아진 공감 능력은 가까운 사람들에게 더 크게 오작동을 일으킨다.

내가 암을 통보받았을 때의 일이다. 사실 처음에는 그리 당황스럽지 않았다. 전혀 예상하지 못한 일이라 그저 꿈인 듯했고 주변 상황을 정리하는 것이 우선이었기에 감정 따위는 뒷전이었다. 그러다 어느 순간 나도 모르게 눈물이 흘렀고 겁이 나기 시작했다. '왜 내가?' 하며 억울하기도 했다. 얼마 지나지 않아 나는 그런 감정을 비효율적이고 나약하며 부정적인 것이라 여겨 속으로 외쳤다.

'힘내자! 괜찮을 거야. 이미 어쩔 수 없잖아!'

주변 사람들에게도 "생각보다 괜찮아. 어쩔 수 없지 뭐"라고 말했다. 그래서 사람들은 나를 긍정적이고 용감하다며 대단하다 평가했다. 지금 생각하면 그런 순간 두려움이 없는 게 과연 대단한 일인가 하는 의문이 든다. 이렇게 감정 처리 방식이 엉망이라 공감 능력이 떨어져 갔다. 하루는 팀원 중 하나가 이렇게 말하는 걸 들었다.

"아, 진짜 힘드네. 왜 이렇게까지 하는 거지? 이상한 고객이네."

그 모습을 본 나는 말했다.

"힘들지."

솔직히 말하자면 직원의 말에 공감이 가지는 않았다. 그렇지만 공감하는 리더가 되고 싶었고 또 그래야 하니 말이라도 한 것뿐이었다. 실은 그 정도 힘듦은 아무것도 아니라 여겼다. 그것 역시 당연히 우리의 일이라 생각했기에 직원이 자신의 무능력을 드러내는 것이라고 생각했다. 그래서인지 그 직원은 곧바로 내게 이런 반응을 보였다.

"말에 영혼이 하나도 없어요."

돌아보면 이 말은 나를 알아차리도록 던져준 스승의 메시지 같은 것이었다. 하지만 당시 나는 이분법적 사고에 길들여져 긍정적인 감정만 좋고, 내게 필요하다고 여기며 살아왔기에 나의 부정적인 감정뿐만 아니라 상대의 부정적인 감정에도 공감할 수 없는 존재가 되었던 것이다.

감정을 경험이 아닌 존재로 인식하기 때문에

감정을 존재로 인식한다는 말이 조금 어려울지도 모른다. 쉽게 말해 우울하다는 감정이 생길 때 그 감정을 나와 동일시해 '나=우울'로 인식하는 것을 말한다. 심지어 극단적인 우울감에 빠지면 '나는 살 가치가 없다'라고 생각해 죽음을 택하기도 한다. 우울증에 걸렸을 때 이런 현상을 겪게 되는데 '나'라는 존재와 '내가 느끼는 감정'을 잘 분리하지 못한다. 가령 어떤 사람은 아침에 화가 나는 일을 겪으면 감정과 동일시되어 하루 내내 화 덩어리처럼 지낸다.

그럼 감정을 경험으로 여기라는 말은 무얼까? 이는 내가 겪는 다양한 감정을 내 존재가 아닌 그 순간 느끼는 특정한 경험으로만 보라는 것이다. 경험은 머물지 않고 그 순간이 지나면 함께 떠나간다. 감정도 지나가는 경험이라고 인식할 때 감정과 나 사이에 분리가 가능해진다.

나는 긍정적인 감정이든 부정적인 감정이든 우리가 살아가며 경험하는 무언가라고 생각한다. 생을 살아가다 어느 순간 찾아오는 일종의 손님 같은 것이라고 말이다. 그렇기에 감정이 느껴질 때 특히 그것이 부정적인 것이라면 무조건 그것을 떼어내 버리려고 하기보다 잘 대접해보자. 그러면 잘 대접받은 감정이 내게 무언가를 선물할지도 모른다.

지금 내가 느끼는 감정은
삶에서 경험하는 수만 가지 중 하나이고
좋든 나쁘든 머물지 않고 지나간다.

팁을 주자면 만약 화가 나고 슬플 때 '나는 화가 났어' 혹은 '나는 슬퍼'라고 존재적 표현을 하지 않는 것이 도움이 된다. 대신 '나는 지금 화를 경험하고 있어' 내지 '나는 지금 슬픔을 경험하고 있어'라고 표현하는 것을 훈련하면 감정이 경험으로 분리되어 감정에 휘둘리지 않고 내가 감정의 주인이 되어 조절할 수 있다.

처음에는 어색할 수 있다. 그러나 '감정을 경험한다'는 표현 자체가 인식의 분리를 도와주므로 직접 말로 내뱉으며 하기 어렵다면, 마음속으로라도 조금씩 표현을 해보자.

문제의 핵심에 놓인 감정을 지나치기 때문에

우리를 괴롭히는 문제의 핵심은 사실 문제 자체보다 문제를 감싸고 있는 감정인 경우가 많다. 관계에서 오는 문제라면 더욱 그렇다. 감정을 배제하면 그리 어렵지 않은 문제일지도 모른다. 하지만 우리가 어렵다고 느끼는 이유는 문제에 감정이 더해져 감정을 다루는 것 자체만으로 버겁거나, 그 문제에 얽힌 다른 사람들의 감정을 예측하기 어렵기 때문이다. 그래서 감정은 빼고 문제만 해결하려고 한다. 감정을 핵심이 아닌 부속품처럼 생각하기 쉽지만 따지고 보면 문제를 처리하고 다루는 과정에서 감정이 핵심을 차지하는 경우가 많다. 어려운 일일수록 감정을 배제하고 문제 해결에 집중하는 것이 더 이성적이고 효율적이라 생각하지만 오히려 그렇게 감정은 배제한 채 대화하다가 해결은 더 어려워지고 관계는 더 꼬인다.

평소 남편이 지적하듯 말해서 자존감이 너무 떨어진다는 한 참석자는 그 문제를 놓고 어렵사리 남편과 대화를 시도했다.

"나더러 그런 것도 챙기지 않고 무얼 했느냐고 했을 때 사실 너무 당황스럽고 서운했어. 나도 알아. 내가 잘 챙기지 못했다는 걸. 근데 너무 서운했고….”

남편은 아내의 말이 채 끝나기도 전에 입을 뗐다.

“감정만 말하지 말고 사실을 봐. 그건 당신이 그렇게 느끼는 거고 핵심은 당신이 잘 챙기지 못했다는 사실이니까.”

이 대화 이후 아내는 남편과 다시는 말을 섞지 않겠다고 다짐했다. 자신의 감정을 중요하게 여기지 않을뿐더러 마치 자신에게 무슨 문제가 있어서 그런 감정을 느끼는 것처럼 치부하는 경험을 두 번 다시는 하고 싶지 않았기 때문이다. 어쩌면 이 대화에서 아내가 말하고자 하는 핵심은 당황스럽고 서운한 자신의 감정을 좀 알아달라는 것이었을지 모른다. 만약 남편이 그것을 잘 받아들였다면 오히려 아내는 자신을 스스로 돌아보고 더 세심하게 행동하려 노력했을 것이다. 이렇듯 불통은 문제 자체보다 그 문제로 인한 감정과 그것을 해결하지 못해 불거지는 갈등이 원인인 경우가 많다. 감정을 잘 다루면 의외로 문제는 쉽게 해결된다.

우리는 감정을 분명하게 표현하는 것과 감정적인 것을 혼동하는 경향이 있다. 중요한 것은 감정적으로 흐르지 않으면서 내 감정을 잘 표현하는 일이다. 이를 위해서는 때로 감정이 다른 어떤 것보다 중요한 문제가 된다는 점을 알고 섬세하게 대처해야 한다. 또한 내 감정을 온전히 표현하는 것과 함께 상대가 느끼는 감정을 인정하고 내 감정 못지않게 강할 수 있음을 이해하는 것도 중요하다. 감정을 느끼는 그대로 표현하는 방법에 대해서는 뒤에서 더 자세히 살펴보겠다.

잠시 멈추고 질문하기

1. 감정이 느껴질 때 그것이 어떠한 것이든 온전하고 건강한 것으로 받아들이는 연습을 해보자.
2. 만약 감정을 나 자신과 동일시하거나 그런 표현을 한다면 경험 표현으로 바꿔보자(예시: '나는 화가 났어' 대신 '나는 지금 화를 경험하고 있어'라고 말한다).

욕구를 제대로 이해하기

욕구 역시 감정과 밀접하게 관련이 있다. 우리는 간혹 이런 생각을 한다.

'네가 그렇게 했기 때문에 내가 이렇게 반응하는 거야.'

원인을 자극에 두고 내 반응의 책임을 상대에게 묻는다. 과연 정말 그럴까? 실은 정확하게 말하자면 반응은 자극 자체보다 자극받았을 때의 내 욕구에 더 큰 영향을 받는다.

예를 들어 하루 일과를 마치고 가족과 함께 먹으려고 치킨을 한 마리 샀다고 해보자. 여기에 후식으로 먹을 아이스크림까지 사서 양손 무겁게 들고 집에 들어섰는데 집 안에 정적만 흐른다면? '텅 빈 집'이라는 환경적 자극을 받고 얼마 지나지 않아 아이가 전화를 걸어 열심히 변명을 한다.

"엄마, 어떻게 하다 보니 시간이 가는 줄도 모르고 놀았어요."

"그러면 좀 일찍 알려주지. 얼른 들어와!"

기대와 다른 상황에 짜증 섞인 말투로 전화를 끊는다.

그럼 이런 상황은 어떨까? 오늘 상사에게 지적을 받는 바람에 입맛도 없고 그냥 조용히 혼자 쉬고 싶은 마음뿐이다. 그래도 기다리는 가족을 생각해 먹을 것을 사서 집에 들어간다. 문을 열자 집은 텅 비어 있고 곧 아이에게 전화가 왔다.

"엄마, 어떻게 하다 보니 시간이 가는 줄도 모르고 놀았어요."

순간 쉴 수 있다는 생각에 안도감과 편안함이 밀려온다.

"어차피 늦었으니 저녁도 먹고 들어오렴."

보다시피 두 상황의 자극은 똑같다. '텅 빈 집'이라는 환경적 자극과 '전화를 걸어 열심히 변명하는 아이'가 주는 자극 말이다. 그런데 그에 따른 반응은 극과 극이다. 왜 이런 차이가 발생했을까? 바로 내 욕구 때문이다. 전자는 '가족과 함께하고 싶다'는 연결의 욕구가 있었다면 후자는 '혼자 쉬고 싶다'는 쉼의 욕구였다. 그 욕구에 따라 감정 반응이 달라졌다.

우리는 내 의지와 상관없이 수많은 자극을 받는다. 내가 통제할 수 없는 자극을 중심에 두고 반응하지 말자. 자극에 따라 내면에서 일어나는 욕구를 알아차릴 때 자극에만 원인을 돌리지 않고 좀 더 적극적으로 내 감정을 이해하며 책임지는 방향으로 반응을 선택할 수 있다. 내 감정이 강하게 반응할수록 '아, 내 욕구가 상대적으로 강한 부분이구나' 하고 알아차려야 한다. 강한 감정이 느껴질 때 상대에게서 원인을 찾는 것도 필요할 수 있겠지만 그보다는 강한 내 욕구가 있기 때문에 그 결과로써 현재의 감정이 생겨났음을 알아야 상황을 더 잘 이해할 수 있다.

욕구는 삶의 원동력이다

욕구를 주제로 강의를 할 때 나는 늘 이런 질문을 한다.

"욕구라는 단어를 들으면 어떤 느낌이 드나요? 편안한가요? 긍정적인가요?"

많은 참석자가 다음과 같이 대답한다.

"부정적이지는 않은데 무언가 불편합니다."

"중요하다는 것은 알겠는데 뭔가 어려워요."

또 일부는 이렇게 말한다.

"욕망과 비슷한 개념 같아요. 살짝 부정적인 느낌이 드네요."

"성적 욕구가 떠올라서 좀 그래요."

당신은 '욕구'라는 단어를 들을 때 어떤 느낌이 드는가?

결론부터 말하자면 욕구는
삶의 주요 요소이자 원동력이다.
우리로 하여금 삶을 살아가게 하고 행동하게 한다.

불을 피울 때 활활 타오르게 하는 땔감과도 같다. 이렇게 중요한 삶의 요소를 잃어버린 상태는 '무기력'이라고 표현한다. 땔감이 부족해 불이 타오를 수 없는 상태다. 원하는 것이 없는 상태도 비슷하다. 이토록 중요한 것인데, 우리는 안타깝게도 욕구를 어색해하고 심지어 불편해하기도 한다. 왜 이렇게 되었을까?

우리는 대부분 원하는 삶보다 살아야 하는 삶을 더 생각한다. '무엇을 하고 싶은가'보다 '무엇을 해야 하는가'라는 역할을 삶의 중심에 둔다. 그래서 욕구라는 단어를 떠올릴 여유가 없다. 그런 여유를 부리면 이기적으로 산다는 시선을 받기도 한다.

그럼 그 역할이 점차 사라지면 어찌 될까? '나는 누구인가', '나는 무엇을 원하는가'라는 질문이 성난 파도처럼 밀려오고, 답하지 못하는 자신이 답답하고 삶에 허탈함과 공허함을 느낀다. 삶을 주체적으로 살아가려면 행동의 원천인 욕구에 집중할 필요가 있다.

이 책을 읽고 있는 당신도 만약 욕구가 없다면 이렇게 독서 시간을 할애하지 않았을 것이다. 나 역시 내 욕구가 없었다면 이 책을 쓰지 않았으리라. 이처럼 욕구는 우리가 행동하는 이유이며 반응의 직접 요인이다. 그간 욕구를 등한시하거나 불편하게 여겼다면 이제라도 욕구를 삶의 중요한 기본 요소로 인식해보자.

욕구는 상대에게도 있다

욕구는 우리 모두에게 있다. 그 말은 곧 내게 자극을 준 상대에게도 욕구가 있다는 것이다. 이를 이해하면 자극에 보다 긍정적으로 반응할 수 있다.

한번은 대학교에 갓 입학한 딸을 둔 중년의 남성을 강의에서 만났다. 표정이 조금 언짢아 보이기에 무슨 문제가 있는지 물으니 사연을 들려주었다. 아내가 요즘 딸에게 너무 관심이 없는 것 같으니 나가서 딸과 데이트라도 하라는 요청을 했다는 것이다. 하는 수 없이 그는 토요일에 딸과 함께 분위기 좋은 레스토랑으로 브런치를 먹으러 갔다. 토요일 낮에 레스토랑에 가는 것도 어색하고 브런치라는 메뉴도 불편했지만 아내의 등쌀에 억지로 나갔다. 그런데 딸의 모습을 보고 이내 화가 치밀어 올랐다. 딸이 자신의 노력을 전혀 알아주지 않고 내내 휴대전화만 쳐다보았기 때문이다. 참다못한 그는 딸에게 쏘아붙였다.

"딸, 아빠도 편해서 온 게 아냐. 그 정도는 너도 알 나이잖아. 휴대전화 좀 내려놓지?"

딸 역시 못마땅한 듯 "그러게 누가 오자고 했어요?" 하며 지지 않았다. 너무 속이 상했던 그는 집으로 돌아와 아내에게 괜한 화풀이를 하고도 마음을 달래지 못했다. 이야기를 다 듣고 내가 물었다.

"많이 서운하셨겠어요, 그렇게 노력했는데. 혹시 그 순간 따님에게는 어떤 욕구가 있었을까요?"

"글쎄요."

"딸의 입장에 서서 딸의 욕구를 한번 찾아볼까요?"

"음, 토요일이니 친구들과 함께 있고 싶었겠지요. 대학교 새내기라 더욱더 그러고 싶었을 거고요. 아, 그러고 보니 정말 그럴 수 있었겠네요."

"그럼 이제 따님에게 어떤 감정이 드나요?"

"고맙네요. 어쨌든 아빠의 제안을 거절하지 않고 따라주었으니까요. 또 갑자기 좋은 아빠 흉내를 내려고 한 제게 맞추도록 한 게 괜히 미안하네요."

"그럼 사모님께는 어떤 욕구가 있었을까요?"

"사실 제가 딸이랑 꽤 친했거든요. 어렸을 때는 저를 잘 따르던

녀석이었는데 고학년 되어서는 공부하느라 바쁘고, 저는 제 나름대로 출장이나 미팅에 쫓기느라 서로 얼굴도 거의 못 본 채 지냈어요. 아내가 우리 둘의 관계 회복을 위해 중간에서 많이 애쓰고 있어요."

"이제 사모님께는 어떤 감정이 드나요?"

"괜히 화풀이해서 미안하네요. 원래 중간에 있는 사람이 더 힘들지 않습니까. 오늘은 아내한테 사과도 하고 아내가 좋아하는 꽃이라도 사가야겠네요."

우리는 더러 욕구를 표현하는 방법을 잘 몰라서, 또는 서툴러서 의도하지 않게 상대를 격하게 자극한다. 대부분 자신의 욕구에만 집중하기 때문에 격한 자극이 생기면 소통은 어려워진다. 내가 원하는 방향과 다른 반응이 나타나면 그 탓을 쉽게 상대에게 돌린다. 내 반응을 원하는 대로 주체적으로 선택하려면 자극이 올 때 내 욕구가 중요한 만큼 상대에게도 중요한 욕구가 있음을 이해하려는 노력이 필요하다. 항상 자극에 초점을 두지 말자. 이면의 욕구를 알아차릴 때 소통이 쉬워진다.

잠시 멈추고 질문하기

1. '욕구'라는 단어에서 어떤 느낌을 받나? 욕구의 중요성을 평소 어떻게 인식하고 있었는지 확인해보자.

2. 최근 나를 자극한 일을 떠올려보자. 그때 상대의 욕구는 무엇이었을까? 상대의 욕구를 찾아본 후 어떤 마음이 드는지, 당시 내 반응과 지금을 비교해 달라진 점을 찾아보자.

욕구와 감정의 상호작용

욕구와 감정은 바늘과 실과 같다. 하나처럼 작용하기 때문이다. 인간의 1차적 욕구인 생리적 욕구를 예로 들어 생각해보자. 강의를 듣고 있는데 갑자기 소변이 마렵다면? 하필 오늘따라 강사가 열정을 다하느라 시간이 다 되었는데도 마칠 생각을 하지 않는다면? 당신은 초조하고 불편함을 느낄 것이다. 반대로 소변이 급한데 강사가 시간 내에 강의를 마무리해 화장실에 잘 다녀왔다면 어떤 감정을 느낄까? 아마도 시원하다, 편안하다, 가볍다 등의 감정을 느낄 것이다.

욕구가 행동하게 하는 에너지energy라면
감정은 그 욕구가 충족되었는지를 알려주는 신호signal다.

이 둘은 상호작용한다. 다시 말해 욕구를 충족하면 긍정적 감정을 느끼고 반대로 욕구를 충족하지 못하면 부정적 감정을 느낀다. 이처럼 감정을 단순히 느낌feeling에 그치지 않고 내게 보내는 신호라고 이해하면 더욱 적극적이고 효율적으로 대처할 수 있다. 즉 신호가 왔을 때 욕구의 원인을 찾아 감정을 이해하고 해소할 수 있다. '빙산의 일각'은 눈에 보이는 것은 극히 일부인 반면, 보이지 않는 부분이 거대할 때 쓰는 표현인데, 이를 아래 그림과 같이 욕구와 감정에 비유할 수 있다.

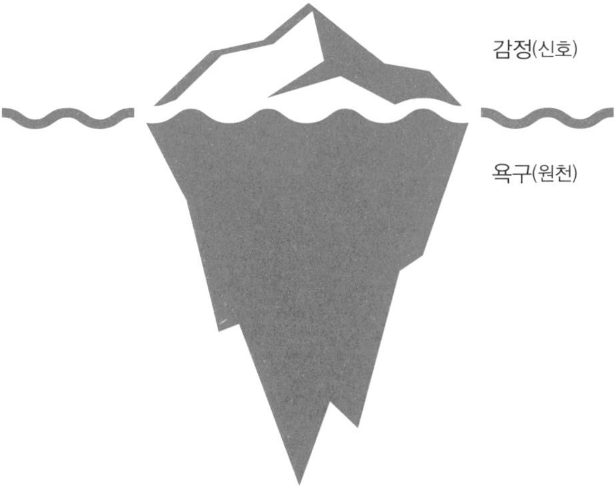

우리가 직접적으로 느끼는 감정은 눈에 보이는 가시적인 일부분이며 그 이면에는 우리가 보지 못하는 더 큰 원인인 욕구가 있다.

잠시 멈추고 질문하기

1. 아래 목록은 본질적 욕구와 욕구가 충족되었을 때 또는 그렇지 않을 때 느껴지는 감정이다. 지금 내게 어떤 욕구가 중요한지 아래 목록에서 찾아보고, 욕구를 충족했을 때 보내는 내 감정의 신호와 그 반대일 때 보내는 신호가 무엇인지 각각 찾아보자. 그러면 욕구와 감정의 연결을 어렵지 않게 이해할 수 있다.

| 욕구 목록 |

감사/인정	명료함/투명성	신뢰	정직/진실
건강	발견/자극	아름다움	존재감/현존
공감	배려	안전/안정	존중
공기/물/음식	배움/성장	애도	중요성
공동체/소속감	관계/관심/우정	여유/편안함	진정성
공유	삶의 의미/보람	연결/유대	질서/조화
기여/나눔	상호성/상생	영성/영적교감	창조성/영감
꿈/희망/비전	선택	예측가능성	축하
놀이/재미/유머	성실함	이해	치유/회복
능력/유능함	성적 표현	일치/일관성	친밀함
도움/지지/협력	성취	자각/깨달음	평등
도전	소통	자기돌봄/보호	평화
독립/자립	수용	자기표현/개성	혼자만의 시간
돌봄/보호	숙달/전문성	운동/신체활동	효율성
따뜻함	스킨십/신체접촉	자유/자율성	휴식/잠

| 감정 목록 |

욕구가 충족되었을 때	• 감동받은, 뭉클한, 감격스런, 벅찬, 환희에 찬, 황홀한, 충만한 • 고마운, 감사한 • 즐거운, 유쾌한, 통쾌한, 흔쾌한, 기쁜, 행복한, 반가운 • 따뜻한, 감미로운, 포근한, 푸근한, 사랑하는, 정을 느끼는, 친근한, 훈훈한, 정겨운 • 뿌듯한, 산뜻한, 만족스런, 상쾌한, 흡족한, 개운한, 후련한, 든든한, 흐뭇한, 홀가분한 • 편안한, 느긋한, 담담한, 친밀한, 친근한, 긴장이 풀리는, 안심이 되는, 차분한, 가벼운 • 평화로운, 누그러지는, 고요한, 여유로운, 진정되는, 잠잠해진, 평온한 • 흥미로운, 매혹된, 재미있는, 끌리는 • 활기찬, 짜릿한, 신나는, 용기 나는, 기력이 넘치는, 기운이 나는, 당당한, 살아 있는, 생기가 도는, 원기왕성한, 자신감 있는, 힘이 솟는 • 흥분된, 두근거리는, 기대에 부푼, 들뜬, 희망에 찬
욕구가 충족되지 않았을 때	• 걱정되는, 까마득한, 암담한, 염려되는, 근심하는, 신경 쓰이는, 뒤숭숭한 • 무서운, 섬뜩한, 오싹한, 주눅 든, 겁나는, 두려운, 간담이 서늘해지는, 진땀나는 • 불안한, 조바심 나는, 긴장한, 떨리는, 안절부절못한, 조마조마한, 초조한 • 불편한, 거북한, 겸연쩍은, 곤혹스러운, 떨떠름한, 언짢은, 괴로운, 난처한, 멋쩍은, 쑥스러운, 답답한, 갑갑한, 서먹한, 숨 막히는, 어색한, 찝찝한 • 슬픈, 가슴이 찢어지는, 구슬픈, 그리운, 눈물겨운, 목이 메는, 서글픈, 서러운, 쓰라린, 애끓는, 울적한, 참담한, 처참한, 안타까운, 한스러운, 마음이 아픈, 비참한, 처연한 • 서운한, 김빠진, 애석한, 냉담한, 섭섭한, 야속한, 낙담한 • 외로운, 고독한, 공허한, 적적한, 허전한, 허탈한, 막막한, 쓸쓸한, 허한 • 우울한, 무력한, 무기력한, 침울한, 꿀꿀한 • 피곤한, 고단한, 노곤한, 따분한, 맥 빠진, 지긋지긋한, 귀찮은, 지친, 무감각한, 지겨운, 지루한, 절망스러운, 좌절한, 힘든, 무료한, 성가신, 심심한 • 혐오스런, 밥맛 떨어지는, 질린, 정 떨어지는 • 혼란스러운, 멍한, 창피한, 놀란, 민망한, 당혹스런, 무안한, 부끄러운 • 화가 나는, 끓어오르는, 속상한, 약 오르는, 분한, 울화가 치미는, 핏대 서는, 격노한, 분개한, 억울한, 치밀어 오르는

＊마셜 B. 로젠버그의 《비폭력 대화》에서 재구성

2. 위의 감정 목록을 볼 때 어떤 감정이나 생각이 올라오는가? 내 경우는 '감정을 나타내는 말이 아주 많구나. 그런데 실제로 내가 느끼고 표현하는 것은 정말 적구나'였다. 당신은 어떤가? 감정에 대해 충분히 알고 느끼고 표현하고 있는지 돌아보자.

욕구를 충족하는
세 가지 방법

이론상으로 볼 때 욕구를 충족하면 우리는 상대적으로 괜찮은 인생을 살아간다. 욕구를 충족했을 때 주로 긍정적 감정 신호를 받기 때문이다. 행복하고 감사한 감정 등을 자주 느끼면 당연히 삶의 만족도가 높아지기 마련이다. 그러므로 삶에서 욕구를 충족하는 것은 매우 중요하다.

욕구는 어떻게 충족하는 것이 좋을까? 욕구 충족은 세 가지 영역으로 구분해서 대처할 수 있다. 첫째, 스스로 욕구를 충족하고자 적극 노력한다. 둘째, 상대방에게 욕구 충족을 요청한다. 셋째, 욕구는 노력한다고 다 이루어지지 않는 신의 영역에 있음을 인지하고 안 되는 것이 있다면 단념한다.

욕구 충족의 세 가지 영역

첫째, 스스로 충족하는 것이 먼저다. 애니메이션 〈모아나〉에는 태어나자마자 부모에게 버림받은 뒤 신의 도움으로 반신半神이 된 캐릭터 마우이가 나온다. 마우이는 신의 능력으로 인간에게 자연의 선물을 주면서 인간의 추종을 받는다. 그런데 나중에는 인정받고 싶은 마음이 극에 달해 생명의 여신 테피티의 심장에까지 손을 댄다. 그러다 결국 신의 능력을 발휘하게 해주는 지팡이를 빼앗기는 벌을 받는다. 지팡이가 없는 그는 더 이상 아무 쓸모가 없는 존재처럼 무기력해진다.

마우이는 왜 그런 행동을 한 것일까? 근본 원인은 과거에 버림받으면서 생긴 상처 때문에 인정 욕구가 강해진 탓이다. 스스로 채울 수 있는 욕구의 영역을 잊고 욕구를 타인에게 지나치게 의존해 채우려 한 것이 결국 그릇된 결과를 낳았다.

우리도 이와 비슷한 경우를 종종 겪는다. 사랑이라는 욕구에서 가장 우선시해야 할 것은 스스로를 사랑하는 일이다. 그러나 우리는 상대에게만 의존해 사랑의 욕구를 채우려 하다가 결국 마우이처럼 균형을 잃고 만다. 인정 욕구에서도 가장 중요한 것은 스스로를 인정하는 일이다. 먼저 이를 기반으로 삼은 후에 나머지 인정 욕구를 상대에게 받기 위해 노력해야 한다.

스스로 채우지 못한 욕구는
밑 빠진 독에 물을 붓는 것과 같다.
아무리 남이 채워주어도 끝없이 부족하다.

둘째, 타인에 의해 채워지는 영역이다. 한번은 강의 중에 욕구를 찾는 훈련을 진행했다. 살아가면서 내게 중요한 욕구 세 가지를 찾는 시간이었는데 학원을 운영하는 원장이 과정 중에 놀라운 경험을 했다고 말했다. 전혀 생각지도 못한 스킨십의 욕구가 가장 먼저 눈에 들어왔다는 것이다. 생각해보니 자신은 스킨십을 할 때 비로소 상대와 연결되었다고 느껴왔었다. 간혹 평소 같으면 그냥 지나칠 일도 짜증이 났던 이유를 곰곰이 생각해보니 컨디션 난조 때문이 아니라 스킨십 부족과 깊은 연관이 있었음을 알아낸 것이다. 이후 그녀는 스킨십을 자주 하기 위해 노력했다. 길을 걸을 때 남편과 손을 잡거나 아침에 아이가 잠자리에서 일어나면 볼에 뽀뽀를 해주었다. 그리고 가족에게도 이렇게 요청했다.

"엄마는 스킨십이 중요하니까 학교에 가기 전에 꼭 엄마 한 번 안아주고 가."

의외였던 것은 남편의 반응이었다.

"나는 당신이 평소 스킨십을 싫어하는 줄 알았어. 그래서 조심했었는데…."

생각해보니 그동안 겉보기에는 전혀 문제가 없는 행복한 가정이었지만 그녀는 이상하게도 남편과의 사이에 간혹 공허함이나 답답함을 느꼈다. 이제야 스킨십 부재가 일부 원인으로 작용했을 거라는 생각이 들었다. 만약 이것을 계속 모른 채 평생 표현하지 못했다면 어땠을까? 그녀는 행복 속에서도 항상 알지 못할 공허함을 느꼈을 테고 남편 또한 어딘지 불편한 관계 속에서 만족스럽지 못한 삶을 살았을 수 있다.

부부관계, 대인관계, 고객관계, 그 밖에 누구와의 관계에서도 원만함을 지속하려면 서로의 욕구를 알아차려 각자의 입장에서 채워주려 노력해야 한다. 욕구를 서로 충족하지 못하면 관계 유지 자체가 힘들어지고, 어느 한쪽의 욕구만 충족하면 일방적인 희생이 따르기에 이 역시 관계의 지속을 방해한다.

'다들 좋은 직장이라고 하는데 자율성이 없어서', '안정적이긴 하지만 제게는 성장이 더 중요한데 너무 정체되어 있어서', '남들은 제 결혼생활을 좋게 보지만 제가 중요시하는 것은 그런 부분만은 아니라서', '가성비는 좋은데 제가 원하는 것은 서비스라' 등은 모두 자신의 욕구를 충족하지 못해서 생긴 결과다.

안타깝게도 많은 사람들이 자신에게 중요한 욕구가 무엇인지 찾는 것에 어려움을 느끼고 표현하는 데에도 애를 먹는다.

"내가 무엇을 원하는지, 무엇이 중요한지 잘 모르겠어요."

"내가 원하는 건지, 아니면 그냥 그래야 할 것 같은 건지 모르겠어요."

자신이 무엇을 중요하게 생각하고 원하는지 알려면 직간접 경험을 많이 하는 것이 중요하다. 미리 '이건 아니야'라고 결론짓고 시도조차 하지 않으려 하면 자신을 찾는 것에 어려움을 겪기 마련이다. 쉽게 말해 사람도 많이 만나봐야 나와 잘 맞는 사람을 알아내고, 많은 곳을 다녀봐야 진정 좋아하는 장소도 알아내는 법이다. 이런저런 경험을 시도하다 보면 자신의 생각과 다른 경험도 하게 마련이다. 이럴 땐 후회하거나 실패했다고 여기기보다는 나를 알아가는 하나의 과정으로 보자. 또한 경험에 적극적인 사람은 표현에도 적극적인 경우가 많아 욕구를 잘 충족할 가능성이 크고, 그만큼 정서적 포만감도 가진다.

일단 욕구를 찾았다면 그것을 적극 표현해야 한다. 상대가 채워주는 욕구 충족도 꽤 큰 비중을 차지하니 말이다. 흔히 사람의 행동을 곰과 여우에 비유하곤 하는데 가령 생일이 일주일 뒤로 다가왔다면 어떨까? 곰 같은 사람은 자신의 생일이 다가와도 모르거나 설령 안다 해도 먼저 내색하지 않는다. 만약 누가 물어보면 "아, 그렇지. 일주일 뒤가 생일이네"라고 할 뿐이다. 무슨 선물을 받고 싶냐고 물어도 "글쎄, 한번 생각해볼게"가 전부다. 받고 싶은 선물이 생각나도 "그냥, 뭐 아무거나 괜찮아" 정도로 얼버무리고 만다. 반면 여우

같은 사람은 자신의 욕구를 알아서 잘 챙긴다.

"나 일주일 뒤에 생일인 거 알지? 내가 봐둔 게 있어. 이거 어때?"

어떤가? 이렇게 표현하면 원하는 것을 가질 확률이 높고(물론 아닐 수도 있다), 그 욕구 충족으로 행복감을 느껴 관계를 원만하게 지속할 가능성이 크다.

욕구를 미뤄두지 말자.
내 삶의 우선순위를 표현하는 일에 조금은 당당해지자.

물론 일방적으로 요구만 하는 행동은 삼가해야겠지만 조율을 바탕으로 한 적극적인 표현은 관계를 공고히 하는 데 도움을 준다.

세 번째는 신의 영역이다. 욕구가 채워지지 않을 수 있다는 것을 인정해야 한다. 과연 욕구를 다 채울 수 있을까? 여러 가지 이유로 그렇지 않다. 따라서 채울 수 있는 영역에서는 최선을 다하되 어느 정도 현재 상태를 인정하고 단념하는 것도 필요하다. 욕구는 채워서 얻기도 하고 그럴 수 없음을 인정해 다른 방식으로 얻기도 한다.

결핍의 욕구 이해하기

욕구 목록에 있는 많은 욕구 단어 중 내게 특별히 중요한 욕구가 있는 이유는 무엇일까? 앞서 '스킨십'이 가장 먼저 눈에 들어온 참석자는 왜 현재 그것을 우선시하게 되었을까? 우리는 현재의 욕구가 왜 자신에게 중요해졌는지 그 이유를 알아야 한다.

나는 그 참석자에게 물었다.

"왜 많은 욕구 중에서 스킨십이 눈에 들어왔을까요?"

"어려서 저는 스킨십을 특히 좋아하는 아이였어요. 한번은 친구 엄마가 친구를 안아주는 모습을 보는데 그게 얼마나 부러웠는지 몰라요. 저희 엄마는 여간해서 그런 스킨십을 하지 않았거든요. 오히려 제가 다가가면 좀 싫어하는 듯한 느낌이었죠. 그래서 엄마가 나를 싫어하나 싶은 생각도 들었어요. 그래서 늘 스킨십에 배가 고팠던 것 같아요."

욕구에는 두 가지 원천이 있다. 충족에서 오는 긍정의 원천과 결핍에서 오는 배고픔의 원천이 그것이다. 사실 충족에서 오는 긍정의 원천은 크게 문제가 되지 않는다. 만약 이 참석자가 어려서부터 스킨십을 충분히 나눴고 그것이 좋은 의미로 '지금의 내 삶에도 중요해'라고 현재의 강한 욕구로 자리했다면 설령 그것이 채워지지 않아도 직접적인 영향을 받진 않았을 것이다. 그런 욕구는 부족해도 오히려 스스로 채우려는 힘을 더 적극 발휘하게 해준다.

반면 욕구의 원천이 결핍이라면 얘기가 달라진다. 자꾸만 나를 허기지게 만들어 문제를 일으킨다. 욕구를 채우지 못할 경우 굉장히 예민하게 반응하게 한다.

나는 내 아이와 관련해 중요하게 생각하는 욕구가 건강, 태도, 신뢰다. 건강은 아이가 어릴 때 병원에 몇 번 입원하면서 걱정이 쌓여 욕구로 남은 것이고, 태도와 신뢰는 내게 삶의 기본 신념과 같아 아이가 말귀를 알아들으면서부터 계속 말해주었다.

"엄마는 네가 예의 있고 태도가 바른 사람으로 자랐으면 좋겠어. 엄마는 네가 다른 무언가를 잘 못하는 것보다 거짓말하는 것이 더 속상할 거야."

어느 날 아이와 함께 승강기를 탔는데 한 어르신이 먼저 타고 있었다. 나는 평소 아이에게 입버릇처럼 어른에게 공손하게 인사할 것을 요청했기에 아이가 당연히 어르신에게 인사를 하리라고 생각했다. 그런데 아이는 인사하지 않았고 그 모습에 화가 난 나는 집에 들어서자마자 아이에게 윽박지르듯 말해버렸다.

"너, 학교에 가지 말자."

아이는 의아한 표정으로 나를 올려다보았고 수긍하지 못하는 아이의 모습에 더 화가 난 나는 한마디를 덧붙였다.

"태도가 별로인데 학교에 가서 공부하는 게 무슨 의미가 있어. 그럴 필요가 없을 것 같네."

그렇게 일방적으로 쏘아붙였음에도 불구하고 아이는 내 손을 잡고 말했다.

"엄마, 저 학교 보내주세요. 사실 아까 할아버지께 인사를 하려고 했는데 할아버지가 너무 인상을 쓰고 계셔서…."

아이는 어르신과 눈이 마주쳤고 어르신의 무거운 표정에 그만 인사할 타이밍을 놓친 모양이었다. 그렇게 이유를 설명하는 아이에게 다음에는 어른을 보면 꼭 인사해야 한다고 다짐을 받고 상황을 마무리했다. 그리고 그날 저녁 친한 친구와 통화를 했다. 언제나 내 편에 서주는 친구다 보니 내가 아이에게 잘 행동했음을 친구에게 확인받고 싶었다. 한데 내가 무슨 말을 하든 언제나 "그래, 잘했네. 네가 오죽하면 그랬겠어" 하던 친구는 예상과 다른 반응을 보였다.

"너 정말 왜 그래, 미쳤니? 애한테 그렇게까지 했다고? 요즘 엄마들 그런 일에 전혀 신경 쓰지 않는 사람도 많아. 그렇다고 애가 잘했다는 건 아니지만 차분히 잘 타이르면 되지. 그러니까 애인 거지. 넌 애한테 왜 그러니?"

친구의 반응에 나는 깊은 생각에 빠졌다. 도대체 나는 왜 그랬을까? 생각해보니 어린 시절부터 유달리 어른에게 마음을 썼었다. 나는 떼를 잘 쓰지 않는 아이였지만 이상하게 길에서 채소를 파는 할머니를 보면 어머니에게 물건을 사자고 떼를 쓰며 졸랐고, 버스에서 어른에게 노약자석을 양보하지 않는 사람을 보면 마구 화를 냈다.

그렇다고 내가 굉장히 예의바르고 모범적이었던 것은 아닌데 이상하게 어른이 관련된 일에는 그랬다. 왜 그랬을까?

그 이유를 찾아 시간을 되돌려보니 문득 할머니가 떠올랐다. 내게는 미처 그 사랑에 보답할 기회도 주지 않고 갑자기 돌아가신 할머니가 있다. 나는 유독 할머니가 내게 주신 시선과 말투가 좋았다. 온전히 사랑받는다는 느낌이 들었다. 할머니는 스스로를 실패작이라고 생각했던 나에게 "네가 우리 집의 기둥이야"라며 소중함을 일깨워주셨다. 그리고 통화할 때마다 내게 존대어를 쓰셨고 끊기 전에 뽀뽀로 사랑을 표현하며 늘 먼저 끊으라고 하셨다.

그런 할머니께 아무런 보답도 못했는데 어느 날 갑자기 심장 이상으로 세상을 떠나시게 되었고 할머니를 향한 내 마음운 현재의 강한 욕구로 자리 잡은 모양이었다. 이것은 결핍 욕구였기에 나는 필요 이상으로 예민했고 의도치 않은 반응을 한 것이었다.

우리는 주위에서 이런 경우를 흔히 볼 수 있다. 어떤 참석자는 직장생활에서 '신뢰'가 가장 강한 욕구라 신뢰할 수 없는 행동을 하는 사람이나 상황을 접하면 크게 자극을 받아 필요 이상의 감정 반응을 보였다. 평소와 달리 포용력이 떨어졌던 것이다. 어떤 사람은 가장 강한 욕구가 '인정'이라 인정받지 못하면 자신을 희생시키거나 지나친 무기력감에 빠져들기도 한다.

결핍 욕구를 대하는 우리의 자세

욕구를 알아내는 것도 중요하지만 그 원천이 무엇인지 알아차리는 것도 무척 중요하다. 그래야 예민함에서 벗어나 감정적으로 영향을 덜 받고 반응도 내가 원하는 방향으로 선택할 수 있다. 특히 가까운 상대라면 결핍의 욕구에 대해 공유할 필요가 있다. 결핍 욕구의 원천을 알아차렸을 때 그 자체로 결핍이 해소되는 부분도 있지만 완전히 배제할 수는 없기에 여전히 예민하게 반응할 수 있다. 그러므로 내게 있는 결핍 욕구를 상대에게 알려야 한다. 내가 이러이러한 상황에서 과도하게 반응하는 것은 내 결핍에 따른 것이지 상대방 존재 때문이 아니라는 것을 알려줘야 하는 것이다.

나 역시 내가 왜 예민하게 반응했는지 깨닫고 아들과 얘기를 나눴다.

"엄마가 그렇게 말해서 놀랬지?"

"네…."

"사실 엄마의 어릴 때 경험(구체적인 설명)이 지금도 엄마에게 많은 영향을 주는 것 같아. 그래서 엄마에게는 그게 참 중요해졌어."

"아, 저는 엄마가 저를 싫어하는 줄 알았어요."

내 행동이 의도치 않게 아이에게 그 상황을 넘어 자신의 존재 자체가 잘못되었다고 느끼게 했던 것이다.

이렇게 대화한다고 아이가 늘 내 바람대로 행동할까? 여러 가지로 그러지 못할 이유는 또 생긴다. 그럼 나는 이제 감정을 잘 조절할까? 나 역시 이전과 마찬가지로 예민하게 반응할 확률이 높다. 그렇지만 이제 아이는 엄마가 왜 그런지를 알고 있다. 최소한 '엄마는 내가 싫은 게 아니라 이 상황이 못마땅한 것'이라고 받아들인다. 그 예민한 상황이 존재 자체에까지 영향을 미치는 것은 피할 수 있게 된 셈이다.

잠시 멈추고 질문하기

1. 194쪽 욕구 목록에서 내 삶에서 중요한 욕구 세 가지를 찾아보자.
2. 욕구를 충족할 때의 감정과 그렇지 않을 때의 감정에는 어떤 차이가 있는가?
3. 욕구 충족을 위한 영역별 실천과제를 적어보자.
4. 내가 선택한 세 가지 욕구가 왜 중요해졌는지 원천을 찾아보자.

본질적인 욕구에 집중하자

마셜 B. 로젠버그Marshall B. Rosenburg가 창시한 '비폭력 대화' 훈련 과정에서 이런 말을 접했다. "욕구는 인간 모두가 똑같이 갖고 있는 보편적인 것이어서, 욕구 차원에서는 우리 모두가 연결되어 있음을 경험하게"되며, "자신의 한 가지 수단/방법만 옳다고 주장하며 집착하는 경우 갈등이 생기고 우리의 삶은 아주 궁핍해진다."

언젠가 나는 작은 회사를 이끄는 대표와 대화를 나눈 적이 있다.

"대표님, 오늘 조금 피곤해 보이네요. 무슨 일이라도 있나요?"

"티가 나나요? 생각할 게 있어서 좀 피곤하네요. 직원의 행동이 좀 언짢아서요."

"무슨 일인지요?"

"제가 작은 회사를 운영하면서 이런저런 시도를 하고 있는데요. 한번은 식당에서 하는 브레이크 타임을 회사에 적용해봤어요."

"와, 대단하네요. 그게 가능한가요?"

"네, 인원을 교대로 돌아가며 해보니 가능하더라고요. 직원들도 나름대로 근무시간 내에 그 시간을 할애하려고 노력한 덕분에 업무 집중도도 높아졌고요."

"그런데 뭐가 문제인가요? 아주 획기적인데요."

"사실 사장인 제가 이런 제안을 하는 게 쉽지는 않거든요. 그런데 직원 하나가 제가 보는 앞에서 떡하니 게임을 하더라고요. 속이 상해서 결국 한 소리를 했습니다."

"아, 그러셨군요. 그럼 대표님은 쉴 때 무엇을 하나요?"

"산책하거나 책을 읽어요."

자, '쉼'에 대해 한번 얘기해보자. 당신은 무엇을 할 때 쉰다는 느낌을 받는가? 산책, 독서, 수면, 낚시, 영화 관람, 쇼핑, 청소, 드라마 시청, 게임, 글쓰기 등 제각각 쉬는 방법이 다르다. 수단과 방법은 달라도 본질은 모두 '쉼'을 향해 있다. 그 직원 역시 자신만의 방법으로 쉰 것인데 대표는 자신의 수단만 맞는 방법이라고 여기다 보니 급기야 이런 말을 했다.

"야, 김 대리! 내가 어렵게 결정해서 이런 시간을 주면 책을 읽거나 나가서 걷거나 그것도 싫으면 차라리 낮잠을 자!"

가정에서도 이와 유사한 대화가 흔하게 일어난다.

"뭐가 좋다고 매일 유치한 드라마만 봐? 그럴 시간이 있으면 책 좀 읽어."

육아에 지친 아내가 아이를 재우고 좋아하는 드라마를 보고 있는데, 그와 다른 방식으로 쉬는 남편은 시간을 쓸데없이 쓴다며 아내의 행동을 도통 이해하지 못한다.

또 '사랑'이라는 보편적 욕구를 한번 생각해보자. 우리는 언제 사랑받는다는 느낌을 받는가? 사랑한다는 말을 들을 때, 선물이나 직접 쓴 편지를 받을 때, 연락을 자주 해줄 때, 스킨십을 받을 때, 사소한 것을 함께 상의할 때, 믿고 묵묵히 지켜봐줄 때 등 매우 다양하다. 그런데 각자의 표현 방식이 있다는 것을 잊으면 상대의 사랑을 의심하게 된다.

"우리 헤어지자. 너는 나를 별로 사랑하지 않는 것 같아. 어떻게 사랑한다는 말을 한 번도 안 하니? 매번 스킨십만 하고 정말 기분 별로야."

"무슨 소리야. 왜 내가 너를 사랑하지 않아. 그게 내 나름대로의 사랑 표현인데…. 오해야."

이는 두 사람이 서로 사랑을 표현하는 수단과 방법의 차이를 이해하지 못해 겪는 이별이다.

지금 누군가와 갈등을 겪고 있다면 자신의 수단과 방법만 강요하는 것은 아닌지 돌아보자. 특히 내가 연장자, 리더, 책임자, 경험자의 위치에 있으면 더욱더 그런 현상이 강하게 나타날 수 있다. 상대에게 내 수단과 방법을 강요하기보다 상대의 행동 이면에 있는 본질을 찾도록 노력하자.

욕구를 이분법적 사고로 보는 오류

이분법적 사고는 욕구에도 적용된다. 내 욕구에 응하지 않으면 '무시한다'고 결론을 내리는 것을 말한다. 감정을 좋은 감정, 나쁜 감정으로 나누는 것처럼 욕구도 '충족'과 '무시' 두 가지로만 보는 것이다. 이는 관계 단절을 쉽게 불러온다.

연인들이 갈등을 겪는 사례 중 하나를 살펴보자. 오늘 남자 친구와 멋진 식당에서 저녁을 먹기로 약속한 터라 예쁘게 차려 입고 나가려던 찰나 남자 친구에게 전화가 온다.

"미안한데 나 지금 회사에 가봐야 해. 급한 일이 생겼어."

"뭐야, 우리 약속했잖아."

"알지. 그런데 급한 일이라 어쩔 수가 없어. 빨리 해결할 수 있는 일이 아니라서. 어떻게 말해야 할지 모르겠는데, 정말 미안해."

상황의 경중이나 두 사람의 기존 관계의 성숙도에 따라 이해 정도가 다르겠지만, 이때 자신의 욕구만 강하게 인식할수록 상대의 행동을 나에 대한 무시로 받아들인다. 이렇게 되면 이별 통보를 하기 십상이다.

"우리 헤어져. 오빠는 나를 소중하게 생각하는 것 같지 않아."

"그게 무슨 말이야. 내가 왜 너를 소중하게 생각하지 않아. 단지 지금 회사에 급한 일이 생겨서 그걸 처리해야 할 뿐이야. 내 마음은 조금도 변함이 없어."

다시 생각해보자. 이 상황에서 여자 쪽 욕구가 '사랑, 관심, 신뢰'라면 남자 쪽에는 어떤 욕구가 있을까? 여자 친구를 향한 사랑과 약속을 지키고 싶은 신뢰 욕구가 사라진 것일까? 그렇지 않다. 회사로부터 연락을 받았을 때 '도움, 성실'이라는 욕구가 잠시 우선순위를 차지한 것뿐 사랑이나 신뢰의 욕구가 없어진 것은 아니다.

다른 예를 또 들어보자. 아침에 아이를 깨우면 대개는 잘 일어나지 않고 이불 속으로 더 파고든다.

"엄마가 깨우면 바로 일어나라고 몇 번을 말했어. 왜 엄마 말을 무시해? 엄마 정말 힘들다."

이때 엄마의 욕구는 무엇일까? 또 아이의 욕구는 무엇일까? 적어도 아이가 엄마를 존중하지 않거나 무시해서 이불 속으로 파고드는 것은 아니다. 단지 포근한 이불 속에서 좀 더 쉬고 싶은 욕구가 강하게 일어난 것뿐이다. 이것을 이해할 때 우리는 앞서 본 공감과 이해로 시작하는 말하기를 할 수 있다. 단순히 아이의 행동을 비난하기보다 아이의 마음을 이해하는 것으로 말을 시작한다. 이는 내가 부정적인 감정에 치우쳐 말하는 것을 막아준다. 즉, 상대를 이해하는 말과 함께 내 욕구를 구체적이고 감정적이지 않게 표현할 수 있다. 이런 표현은 어떨까?

"더 쉬고 싶지? 그래도 엄마는 네가 지금 일어나서 밥을 충분히 먹고 학교에 갔으면 좋겠어."

잠시 멈추고 질문하기

나는 다른 이의 욕구 충족의 수단과 방법을 이해하고 인정하는가? 혹시 내 수단과 방법을 강요하며 갈등을 경험하진 않는지 생각해보자.

갈등 상황 소통법은 다르다

6장

갈등은 상처, 비난, 좌절로 이어지는 것이 아닌
이해와 성장, 변화로 나아가야 한다.

건강한 싸움은 필요하다

강의할 때 "좋은 관계란 무얼까요?" 또는 "좋은 팀이란 무엇일까요?"라고 물으면 흔히 '싸우지 않는 것', '서로 의견이 잘 맞는 것', '잡음과 큰 탈이 없는 것' 등의 대답이 나온다. 대부분 싸우는 것을 무조건 나쁜 것으로 보거나 서로 의견이 맞지 않는 갈등을 힘들고 피해야 할 것으로 해석한다.

정말 싸우지 않고, 서로 의견이 맞으며
잡음과 큰 탈이 없으면 좋은 관계일까?

혹시 싸우지 않는다는 건 어느 한쪽이 희생하고 있다는 뜻이 아닐까? 잡음이 없는 건 표면적이고 가식적인 관계를 뜻하는 건 아닐까? 결론을 말하자면 갈등은 지극히 자연스러운 현상이다.

각자 다른 환경에서 자란 우리는 서로 다른 가치관과 신념 아래 살아간다. 관점만 약간 달리해도 서로 다른 의견이 쏟아진다. 같은 상황을 놓고도 각자 경험한 바에 따라 해석이 달라지기 때문이다.

관계 맺기에서 갈등은 빼놓을 수 없는 요소다. 갈등이 있다는 것 자체가 그만큼 서로 관련이 있다는 뜻이기도 하다. 설령 상황이 심각해도 나와 연관되지 않으면 갈등은 생기지 않는다.

왜 우리는 싸움이나 논쟁을 불편하게 인식하는 걸까? 아마도 그것이 건설적이고 열린 결말을 낳기보다 서로 자기주장만 하면서 비난을 일삼다가 끝나거나, 자기주장을 관철하기 위해 상대를 지나치게 깎아내리는 것을 직간접적으로 경험했기 때문일 것이다. 그러다 보니 '싸움은 피해야 하는 것' 혹은 '싸우면 문제가 있는 것'으로 인식한다. 하지만 앞서 말했듯 갈등은 반드시 생긴다. 그러므로 중요한 것은 갈등 자체를 나쁘게 볼 것이 아니라 어떻게 하면 건강하게 싸우냐는 것이다. 자, 이제 건강하게 싸우는 법을 배워보자.

갈등의 최종 목적지는 어디인가

우리는 누구의 말이 맞고 틀린지 증명하기 위해 대화하는 것이 아니다. 상대도 나도 각자의 입장에서는 다 맞을 수 있다. 내가 옳다고 생각하는 순간부터 우리는 수많은 문제를 겪는다. 상대를 이해하려 하기보다 내가 옳음을 증명하는 데 더 많은 에너지를 쓰기 때문이다. 물론 내가 옳은 순간도 있다. 그렇지만 심지어 그런 순간조차 대화의 목적은 어떤 사실을 바로잡는 데 있는 것이 아니므로 내 '옳음'이 큰 도움을 주진 않는다.

대화는 문제가 담고 있는 의미를 파악하고, 대화를 하는 당사자들의 관계 맺기에 목적을 두어야 한다. 무엇이 진실인가보다 그것이 내게 어떻게 작용하고 우리 관계에 얼마나 중요한지에 더 큰 비중을 두어야 한다는 말이다. 대화는 단순히 가르치려는 것이 아니라 서로를 알아가는 수단 중 하나다. 그렇기에 우리는 '각자의 입장에서 서로 옳다', '상대 입장에서 그럴 수 있다'를 전제해야 한다.

상대를 알아간다는 관점에서 인정으로 시작하고 호기심으로 질문하며 상대를 중심으로 들어주는 것이 정말 중요하다. 좋은 팀, 좋은 관계로 가는 길은 어쩌면 갈등을 당연하게 받아들이는 것부터 시작할지도 모른다. 다만 그것은 존중을 바탕으로 건설적인 결말을 향해 나아가야 한다.

다시 말해 갈등은 상처, 비난, 좌절로 이어지는 것이 아닌 이해와 성장, 변화로 나아가야 한다.

갈등은 가볍게 일상처럼

좋을 때는 이렇든 저렇든 크게 문제가 되지 않는다. 표현하기도, 소통하기도 훨씬 수월하다. 문제는 항상 불편한 상황에서 찾아온다.

대화가 편하지 않을 때, 상대가 나와 다른 의견을 보일 때, 예측하지 못한 상황이 발생했을 때야말로 표현의 힘에 결과가 크게 좌우된다. 우리는 상황이 불편해지면 그 상황을 직면하기보다 에둘러 말하거나 피하려는 경향이 있다. 그러다 나중에 더 큰 오해와 문제가 생긴다. 그러니 갈등은 일상에서 그때그때 가볍게 표현하자.

불편함이 느껴진다면 중요한 신호다. 이때 우리는 두 가지 중 하나를 선택하기 위해 얼른 자신에게 질문해야 한다.

"지금 표현할 것인가? 그냥 없었던 일인 양 흘려보낼 것인가?"

'표현하겠다'는 선택을 했다면 그다음은 '일상에서 가볍게' 해야 한다. 소통에서의 문제는 표현을 잘하지 못하거나 아예 표현하지 않은 데서 오기 때문이다. 소통을 잘하는 사람들을 관찰해보면 무슨 기회를 노려 능수능란한 어휘로 표현하기보다 일상에서 가볍게 자신의 의견과 느낌을 말한다. 반대로 소통을 어려워하는 사람은 "우리 이따가 대화 좀 할까요?" 하며 따로 자리를 마련하려 한다.

소통의 시작은 가벼운 마음 연결에 있다. 만약 상대가 내게 "우리 이따가 대화 좀 할까요?"라고 하면 어떨까? 아마 그 말을 들은 시점부터 서서히 마음이 불편해질 것이다. 평소 불통이었거나 불편한 관계였다면 그 감정이 극에 달해 그사이 공격 혹은 방어를 준비하느라 정신을 다 쏟을지도 모른다.

만약 '그냥 없었던 일인 양 흘려보내기'를 선택한다면? 잘못의 시작이 상대에게 있다 해도 그것에 대해 표현하지 않는 것은 내 선택이기 때문에 그 이후의 일들도 내 책임이다.

진짜 문제는 이제부터 시작이다. 표현하지도, 흘려보내지도 않았을 때 말이다. 표현하지도, 흘려보내지도 못한 불편함은 어디로 갈까? 맞다. 내 가슴에 비수처럼 꽂힌다. 결국 소화되지 못한 불편함은 변질된 상태로 토해진다. 관계가 편할 때 토하면 문제를 간단하게 해결할 수 있거나 상대 역시 가볍게 사과하고 지나갈 수 있을 것이다. 안됐지만 토는 편할 때 나오지 않는다. 대개는 관계가 불편하고 어떤 문제가 생겼을 때 토하게 되며 그때는 단순한 불편만 나오지 않는다. 너무 변질되어 "네가 얼마나 배려심이 없는지 알아?", "넌 정말 이기적이야!", "네가 기본 개념이 없다는 거 너는 모르지?" 등 상대의 존재 자체를 무차별하게 비난하고 공격하며 상대 역시 방어 본능이 최대치로 출력되어 만만치 않게 공격을 퍼붓는다. "내가 뭐 어쨌다고! 야, 기억도 나지 않는 걸 여태 마음에 두고 있었니? 정말 쪼잔하게", "너, 정말 무섭다. 소름이 끼치네" 등 별것 아닌 일로 여기까지 나가면 관계는 파국을 맺고 만다. 표현하지도 흘려보내지도 못했을 땐 미련 없이 마음에서 그 일을 지우고 다음 기회를 엿보는 것이 좋다. 다시 표현할 기회는 반드시 온다.

내 마지노선 알기

어느 누구도 불편한 상황을 좋아하지 않는다. 더구나 불필요한 에너지를 써야 할 경우 피로감은 더 커진다. 불편한 상황에 놓였을 때 잘 대처하는 것도 중요하지만 서로 그런 상황을 만들지 않기 위해 적극 노력하는 것도 중요하다. 이를 위해 가까운 관계일수록 서로의 한계와 영역을 공유하고 지켜주길 부탁해야 한다.

유학 시절 처음 룸메이트가 생겼을 때, 나는 외국인 친구가 생겨 마음이 한껏 부풀어 올랐고 모든 것을 좋게 받아들이고 싶었다. 하지만 그런 나와 달리 룸메이트는 처음부터 각자의 영역을 명확하게 구분하자고 제안했다. '이곳은 내 공간이고 저곳은 네 공간'이라는 식으로 아주 작은 것까지도 구분했다. 심지어 화장실의 휴지조차 각자 두고 쓰는 지경이라 나는 마음이 불편했다. 동양인이라서 무시하는 건가 싶은 오해를 하기도 했다. 마음이 상할 대로 상한 나는 속으로 '그래, 너 잘났다' 하며 철저히 개인생활을 했다. 그런데 시간이 지날수록 처음과 달리 그게 아주 편했다. 정확히 구분하자 모호한 상황에 따른 오해가 없었다.

다음 룸메이트는 전혀 다른 성향이었다. 처음엔 정말 좋았다. '좋은 게 좋은 거지'라면서 그냥 편하게 살자는 생각이 서로 잘 맞았고 정을 느끼며 기분 좋게 출발했다. 한데 시간이 지나면서 점점 문제가 생겨났다. 명확한 구분이 없자 애매하게 서로의 영역이 침범당하는 일이 잦았고, 점점 불만이 쌓여갔다. 이제 와서 표현하자니 여간 어려운 게 아니었다. 그러다 결국 서로 감정의 골이 깊어져 다투기까지 했다.

우리 각자에게는 소위 마지노선이라는 게 있다. 그것이 지켜질 때 갈등은 줄어들고 관계는 잘 유지된다. 그런데 의외로 마지노선을 밝히는 걸 꺼리는 사람들이 많은데 가까운 사이일수록 그런 현상이 심하다. 가족이나 가까운 친구 혹은 동료에게 얘기하면 "야박하다"는 말을 듣기 일쑤라서 그렇다. 정말 그럴까? 혹시 지금 그런 이유로 표현하지 못해 겪는 어려움은 없는가? 야박하다는 인식 때문에 표현하지 못해 겪는 불편함은 갈등으로 불거져 결국 관계에까지 영향을 미친다.

지금 생각하면 어처구니가 없지만 한때 나는 관계에 이상한 룰을 적용했다. 바로 '삼진 아웃제'다. 여기에는 여러 가지 문제가 있었다. 우선 내게 그런 룰이 있다는 것을 표현하지 않았다. 까다로워 보이거나 처음부터 어색해지는 것이 싫어서 내 룰을 미리 말하지 않았다. 마지막 삼진 아웃일 때가 되어서야 비로소 표현을 했다.

"나는 참을 만큼 참았어. 내가 너한테 얼마나 많은 기회를 줬는데. 벌써 세 번째고 나는 여기까지가 한계야."

이럴 때 상대는 어떻게 반응할까? 그렇다. 엄청 당황한다. 내 마지노선도 모르고, 내가 그것을 상대에게 적용하고 있었다는 것도 모르는 상태에서 그런 일을 당했기 때문이다. 이제 그런 황당한 룰을 쓰진 않지만 만약 당신에게도 이런 마지노선이 있다면 반드시 미리 공유해야 한다.

처음부터 쉽지는 않겠지만 각자를 위해 지켜야 할 한계나 영역에 대해 표현하기 위해 노력해보자. 이를 위해 먼저 나 자신에 대해 알고 그런 나를 표현하는 것은 당연하고 건강한 것임을 기억하자.

필요한 에너지와 불필요한 에너지를 구분하기

불편한 상황에 처하면 우리는 그 요소를 제거하려 애쓴다. 그러나 그에 앞서 내가 지금 쓰고 있는 에너지가 꼭 필요한 것인지 아니면 불필요한 것인지 구분할 필요가 있다. 에너지를 쓰면 힘이 들고 또 에너지에는 한계가 있어 무작정 쓰기만 할 수는 없다. 그러니 꼭 필요한 것에 에너지를 써야 갈등 상황을 거뜬히 감당하고 억울하지 않을 수 있다.

그걸 어떻게 구분해야 할까? 간단하게 내가 통제할 수 있는 영역인지 아닌지 확인한다. 내가 통제할 수 있는 영역이면 힘들어도 에너지를 써서 변화를 일으키는 게 가능하지만, 내가 통제할 수 없는 영역은 아무리 에너지를 써도 힘만 들 뿐이다. 더러는 자신이 통제할 수 없는 영역에 에너지를 쓰면서 생각대로 결과를 얻지 못해 마냥 힘들어하는 경우도 있다. 지금 내가 어떤 에너지를 쓰고 있는지 확인해보자. 만약 그것이 불필요한 에너지라면 더 이상 그것에 힘을 쓸 필요가 없다.

잠시 멈추고 질문하기

1. 나는 갈등과 싸움을 어떻게 인식하고 있는가?
2. 불편한 상황에서 나는 주로 어떻게 반응하는가?
3. 나는 가까운 사람들과 내 마지노선에 대해 공유하는가?

모두에게 유익한 원윈 대화법

일상을 살아가다 보면 불편한 상황을 좀 더 구체적으로 표현해 상대의 이해를 구하고 부탁해야 하는 상황에 자주 직면한다. 불통 관계에서는 더욱더 잘 표현해야 한다. 이때 알아두면 유용한 다섯 가지 '윈윈[Win-Win] 대화법'이 있다.

하나. 사실을 바탕으로 말을 시작하기

감정을 분리하고 사실을 바탕으로 대화를 시작한다. 불편함을 겪을 때 우리는 주로 감정적인 표현으로 상대를 비난하기 십상이다. 가령 남자 친구와 함께 있는데 내내 휴대전화만 보고 있으면 그것이 불편한 여자 친구는 사실과 감정을 분리하지 못한 채 마음을 그대로 표현한다.

"오빠, 내 말 듣고 있어? 사람이 말을 하면 얼굴을 봐야지. 나, 지금 누구랑 말하는 거야?"

이런 말이 나오면 어떤 상황이 벌어질까? 남자 친구가 얼른 자신의 행동을 사과하고 수습하는 경우도 있겠지만 그런 사람이면 애초에 이렇게 행동하지 않았으리라. 여자 친구의 말을 공격으로 인식한 남자 친구는 흔히 공격과 도피 반응 중 하나를 선택한다.

"내가 언제 말을 듣지 않았다고 그래. 네가 무슨 말을 했는지 다 알고 있거든? 그러는 너는 내가 말하면 잘 들어주냐?"

"내가 뭘 듣지 않았다는 거야!?"

"저번에 내가 자전거가 필요하다고 했을 때 넌 어떻게 했냐?"

"그건 다른 얘기잖아. 이미 있는데 또 사는 건 낭비잖아."

"내가 무슨 낭비를 했다고 그래! 그러는 너는 필요해서 가방을 또 샀냐?"

"오빠 돈으로 샀어? 내가 벌어서 샀잖아. 남들은 남자 친구가 사준다는데….”

어느새 논쟁은 처음 시작한 이유와 전혀 다른 곳으로 번져간다. 더구나 무조건 상대를 이기려는 대화를 하며 서로에게 상처를 주고 점차 단절에 가까워진다. 만약 도피 반응을 선택한 남자 친구라면 “그래, 이제 하고 싶은 말을 해봐”라며 휴대전화를 내려놓겠지만 이미 마음이 상해 적극적으로 듣지 않을 테고 이것 역시 불통으로 이어진다.

이렇게 대화 시작을 바꿔보자.

“한 시간 동안 휴대전화를 하는 오빠의 모습을 봤을 때….”

관찰한 사실을 있는 그대로 표현하면 상대로 하여금 자신의 행동을 알아차리게 하는 한편, 비록 반가운 말은 아니어도 비판이나 비난으로 시작하는 것이 아니기에 상대로 하여금 우선 그곳에 머물러 다음 얘기를 들을 공간을 갖게 해준다.

한번은 어느 참석자가 회사에서 점심시간에 자신만 빼놓고 팀원들이 함께 나가는 것을 보고 당황스럽고 화가 나기까지 했다고 말했다. 만약 그 참석자가 팀원에게 “아까 점심시간에 어쩌면 그렇게 할 수가 있어요?”라고 했다면 상대는 어떻게 반응했을까? “우리가 언제 그랬다고 그래”라며 부정하는 반응을 보일지도 모른다. 이번 사례 역시 “아까 점심시간에 나를 제외한 다른 팀원들이 함께 나가는 것을 보았을 때"라고 시작하는 것이 사실로 시작하는 말하기다.

둘. 불편한 감정을 정확하게 표현하기

불편한 감정을 표현한다. 상대가 한 행동이나 현 상황을 사실대로 말했다면 이제 그에 따른 불편한 감정을 표현한다. 물론 상대가 이미 비언어적 경로로 충분히 느꼈을 수도 있지만 자칫 더 큰 오해가 발생할 수 있으므로 불편한 감정일수록 상대에게 더 정확하게 표현하고 알려주어야 한다.

이때 주의해야 할 것은 내 생각이 아닌 감정에서 오는 온전한 느낌을 그대로 표현해야 한다는 점이다. 가령 점심시간에 자신을 제외하고 다 함께 나가는 팀원들을 보았을 때 느낀 온전한 감정이 '당황스러움과 화'라면 그것을 있는 그대로 표현한다. 이것을 자기 기준으로 판단해 '무시당했다는 생각'을 감정에서 온 느낌처럼 말해서는 안 된다. '느낌'이 아닌 자기 기준으로 판단한 '생각'은 상대에게 저항을 불러오기 때문이다.

"아까 점심시간에 나를 제외한 다른 팀원들이 함께 나가는 것을 보았을 때 무시당한 느낌이었습니다"가 아니라 "아까 점심시간에 나를 제외한 다른 팀원들이 함께 나가는 것을 보았을 때 당황스러웠습니다"라고 말한다.

주위의 누군가가 내 행동을 두고 "무시당한 느낌이야"라고 한다면 당신은 어떻게 하겠는가? 아마 "무시한 적 없는데"라고 반감을 표할 것이다. 느낌으로 표현하지만 실은 생각을 표현한 것이다. 비슷한 표현으로 '왕따당한 느낌이야', '강요받은 느낌이야', '버림받은 느낌이야', '속은 느낌이야', '의심받는 느낌이야', '거절당한 느낌이야', '이용당한 느낌이야' 등이 있다.

셋. 본질적인 욕구 알아차리기

감정을 일으킨 본질적인 욕구를 알아차리고 표현한다. 감정에 따른 느낌을 표현했다면 그런 감정을 느끼는 본질적인 이유와 함께 내가 원하는 행동을 부탁한다. 이때 상대방의 욕구와 감정도 같이 물어본다면 좀 더 원만한 대화가 될 수 있다. 다만 앞서 말한 것처럼 욕구를 채우는 자신의 수단이나 방법을 마치 유일한 기준인 듯 표현하는 것은 주의해야 한다. 이것은 상대가 온전히 받아들이기 힘드므로 구분해서 말해야 한다. 욕구는 본질적인 것으로, 자신의 수단이나 방법은 부탁으로 표현하는 것이 좋다.

다음 예를 보자.

"왜냐하면 내게는 존중이 중요하기 때문이야." → 욕구 표현의 좋은 예

"왜냐하면 내게는 네가 나를 쳐다보고 말하는 것이 중요하기 때문이야."
→ 욕구 표현의 좋지 않은 예

위의 예시처럼 '존중'이라는 본질적인 욕구를 정확히 말하는 것이 좋다. '네가 나를 쳐다보고 말하는 것'은 나의 방법을 강요하는 표현이다.

넷. 좋은 부탁의 여섯 가지 요소를 활용하기

좋은 부탁에는 여섯 가지 요소가 있는데 그 내용을 살펴보면 다음과 같다.

첫 번째, 부탁은 구체적으로 한다.

내가 팀 리더로 근무할 때 한 직원이 늘 정각 9시에 출근을 했다. 최소 10분 전에 출근해 주변을 정리하고 정각에 근무를 시작하라고 교육받은 나는 그것이 몹시 불편했다. 어느 날 나는 더 참지 못하고 대화를 시도했다.

"요즘 회사 다니는 게 어때?"

"괜찮아요."

"다행이네. 출근은 어때?"

"어렵지 않아요."

"그래? 그럼 조금만 더 일찍 출근하는 것은 어떨까?"

"네, 그럴게요."

그 직원은 평소 내가 일찍 출근하는 것을 알았기에 별다른 말을 덧붙이지 않았고 나는 대화를 원만하게 끝냈다고 생각했다. 다음 날 나는 직원이 달라지리라고 기대했지만 오히려 실망하고 말았다. 내 예상과 달리 고작 3분 일찍 출근했기 때문이다. 내게 리더십이 없는 건지 아니면 직원에게 다른 불만이 있는 건지 고민을 하던 중 문득 아이와 있었던 일을 떠올리며 내 부탁이 잘못되었음을 깨달았다.

어느 여름날 아이가 친구들과 놀겠다며 나가려 하자 나는 아이를 배웅하면서 일찍 들어오라고 했다. 내 기준에서 '일찍'은 오후 6시, 그러니까 저녁식사 전이었고 아이의 기준에서 '일찍'은 오후 8시였다. 6시가 넘어가자 나는 슬슬 화가 났고 8시쯤 들어오는 아이를 보자마자 화가 극에 달했다.

"너, 엄마랑 약속해놓고 이게 뭐야?"

"일찍 왔잖아요. 친구 중에서 제가 제일 먼저 왔다고요."

아이는 아이 나름대로 서운한 마음을 표현했다. 무엇이 잘못된 것일까? 나는 내 표현이 모호했음을 알았다. 어떻게 표현해야 했을까? 부탁은 내가 원하는 바를 구체적으로 표현해야 한다. 예를 들면 '6시까지 들어왔으면 좋겠어', '10분 전에는 출근했으면 좋겠어'가 정확하다. 이 경우 상대는 내가 무엇을 원하고 또 자신이 어떻게 해야 하는지 명확히 이해한다.

두 번째, 부정적 표현보다 긍정적 표현이 좋다.

가령 ‘술을 마시지 않았으면 좋겠어’, ‘게임을 하지 않았으면 좋겠어’, ‘늦게 오지 않았으면 좋겠어’, ‘그런 식의 말은 하지 않았으면 좋겠어’ 같은 부정적 표현은 지양하는 것이 좋다. 대신 ‘술은 일주일에 세 번 마시면 좋겠어’, ‘게임을 하루에 한 시간 했으면 좋겠어’, ‘6시까지 들어왔으면 좋겠어’라고 하는 것이 바람직하다. 긍정적 표현은 말하는 사람도, 듣는 사람도 표현을 받아들이는 데 더욱 관대해지도록 만든다. 왜냐하면 부정의 언어는 자칫 통제의 의미로 전달될 수 있기 때문에 상대로 하여금 적극적인 수용을 하지 못하게 한다.

세 번째, 부탁과 지시, 강요를 명확하게 구분해서 사용한다.

우리는 부탁은 무조건 좋은 것으로 생각하려는 경향이 있다. 부탁하는 표현이 더 교양 있다고 여기는 시선도 한몫을 한다. 하지만 ‘부탁은 옳고 지시는 나쁘다’라는 판단은 잘못된 것이다. 상황에 따라 부탁이 필요한 순간도 있고 지시를 해야 하는 경우도 있다. 다만, 부탁과 지시를 구분해서 사용하되 부탁은 온전히 부탁이어야 한다.

무슨 말이냐 하면, 부탁은 선택권이 상대에게 있다.
상대는 내 부탁을 거절할 수 있다.
그러므로 부탁은 거절에 공감하는 것까지 포함한다.

반대로 지시는 상대에게 선택권이 없다. 지시를 받은 경우 상대에게는 그것을 받아들일 의무가 있다. 물론 지시는 힘의 원리나 논리에 따른 합당함을 전제해야 한다. 문제는 부탁의 탈을 쓴 지시를 강요할 때 발생한다. 하루는 내가 애벌빨래를 하다가 문득 안방에 두고 온 빨랫감이 생각나 거실에서 열심히 레고를 하고 있는 아들에게 부탁을 했다.

"아들, 미안한데 안방에서 빨랫감 좀 가져다줄 수 있을까?"

친절하게 부탁했지만 사실 마음속으로는 당연히 빨랫감을 가져다주어야 한다고 생각했다.

"안 돼요. 지금 손을 떼면 레고가 무너질 수 있어서 위험해요."

내 기대와 달리 아들은 부탁을 거절했다. 만약 내 말이 정말 부탁이었다면 나는 아들의 거절에도 공감할 수 있어야 했다. "응, 알았어. 그럼 엄마가 가져올게" 하고 말이다. 내 반응은 그러지 못했다.

"너, 지금 엄마가 누구 빨래하고 있는 줄이나 알아? 얼른 가져다주고 해! 그건 다시 하면 되잖아!"

그렇게 말하는 엄마를 아이는 어떻게 받아들일까? 답정너! 나는 어느새 아이에게 '답은 정해져 있으니 너는 대답이나 해' 하는 말 안 통하는 엄마가 되어 있었다. 그런 대화 패턴 탓인지 한번은 아이가 이런 말을 했다.

"엄마, 그냥 가져오라고 하세요. 결국 가져다줘야 하잖아요."

네 번째, 부탁할 때 느껴지는 부담감을 떨쳐낸다.

더러는 부탁 자체를 상대에게 피해를 주는 행위로 생각하는 경우도 있다. 피해를 주지 않으려고 무조건 부탁하지 않다가 외려 오해를 받기도 한다. 과도하거나 너무 잦은 부탁은 조심할 필요가 있지만 관계에서는 '부탁하기'도 중요하다는 것을 기억해야 한다. 부탁은 상대에게 성공과 기여할 기회를 주는 것일 수도 있기 때문이다. 적절한 부탁은 오히려 상대와의 연대감을 높여주고 동기를 부여할 수 있다. 다만 이를 위해서는 부탁의 질을 높여야 하므로 상대를 적극 관찰해 상대의 상황과 성향을 고려해야 한다.

다섯 번째, 부탁할 때는 먼저 동의를 구한다.

자율성은 실행에 큰 힘을 실어주므로 똑같은 상황에서도 상대가 주체가 되도록 해야 한다.

"너는 어떻게 생각하니? 그렇게 해줄 수 있을까?"

짧은 질문이지만 상대에게 확실하게 자율성을 준다. 학창 시절 공부하려고 책상에 막 앉았는데 엄마가 "공부 좀 해!"라고 하면 어떠했는가? 갑자기 엄마가 시켜서 공부하는 것처럼 인식되면서 괜스레 하기 싫어지지 않았던가. 심지어 공부하지 않은 책임을 엄마에게 뒤집어씌우고 책임을 회피하기도 한다. 앞에서 봤던 아이에게 이른 귀가를 요청하던 예시에서는 이렇게 동의를 구하는 것은 어떨까?

"엄마는 6시에 들어오는 게 좋을 것 같은데 네 생각은 어떠니?"

너무 무리가 아니라면 대개 부탁을 받아들인다. 자신이 선택해 수용한 것은 상대의 말을 무조건 수용한 것과는 전혀 다르다. 더구나 부탁을 제대로 지키지 못할 경우 스스로 책임감도 느낀다.

여섯 번째, 당신의 기여가 중요하다는 것을 짚어준다.

어디까지나 부탁이므로 상대가 거절할 수 있다는 것을 내포해야 하지만 당신의 도움이 중요하다는 것과 이 부탁의 중요성을 짚어주면 도움이 된다. 혹여 아무것도 아니라는 식으로 표현해 상대의 반감을 자아내서는 안 된다.

부탁하기가 미안하다는 이유로 '사실 별것 아닌데', '별로 어려운 것은 아닌데', '너라면 금방 할 텐데'라고 표현한다면 듣는 상대는 어떻게 받아들일까? 그럼 '네가 하면 되잖아' 하는 생각도 들고 부탁을 들어주는 기여 효과도 사라져 떨떠름해진다.

다섯. 서로가 얻을 효과를 설명하기

기대 효과로 설득한다. 서로가 얻을 기대 효과를 말함으로써 단지 나만을 위한 것이 아닌 우리를 위한 것이라는 인식을 준다. 이를테면 '당신이 이것을 해주면 당신에게는 이것이 좋고 내게는 이것이 좋을 것'이라는 식이다.

"10분 일찍 출근하면 너는 좀 더 여유 있게 업무를 시작할 테고, 나는 9시부터 업무에 집중할 수 있을 거야."

"6시에 집에 오면 엄마는 너랑 저녁을 같이 먹어서 좋고 너는 제시간에 저녁을 먹고 여유 있게 학교 갈 준비를 할 수 있을 거야."

자신의 행동이 앞으로 어떤 결과를 낼지 기대 효과를 함께 공유해 행동해야 할 이유와 동기를 부여한다. 추후에 결과를 공유하고 잘된 부분은 적극 인정해주는 것도 좋다. 우리가 간과하지 말아야 할 것은 불편한 상황을 표현하기에 앞서 마음 연결이 잘 되었는지 확인하는 일이다. 마음 연결이 되지 않으면 아무리 잘 표현해도 효과가 기대에 미치지 못하거나 오히려 대화가 반대 방향으로 갈 수 있기 때문이다. 그러므로 불편한 상황을 표현할 때는 마음 연결과 비언어적 요소 등을 함께 고려한다.

윈윈 대화법의 주요 포인트는 아래와 같다.

- 사실을 바탕으로 한 상황과 경험을 그대로 표현한다.
- 사실에 관한 온전한 감정을 표현한다.
- 감정의 원인인 본질적 욕구를 말하고 원하는 수단과 방법을 부탁의 요소에 맞게 전달한다.
- 추후 기대 효과와 실제로 일어난 결과를 공유하고 인정한다.

예시를 들어 설명하면 다음과 같다.

··· **예시1.**

"엄마와 대화하던 중 네가 방문을 닫고 들어가는 것을 보았을 때(사실) 당황스럽고 화가 났어(사실에 관한 감정). 엄마는 대화할 때 존중이 중요하다고 생각하기 때문이야(감정의 원인인 본질적 욕구). 앞으로 엄마의 말에 동의하지 않을 때는 오른손을 들어 표현해주면 좋을 것 같은데 네 생각은 어때?(부탁) 그럼 너는 엄마에게 네 의견을 좀 더 편안하게 표현할 테고, 엄마는 네가 동의하지 않는 것을 알아차리고 네게 의견을 물어볼 테니 서로 존중할 수 있을 거야(기대 효과)."

이때 상황에 따라 상대의 욕구와 느낌을 물어보는 것도 좋다.

"너에겐 어떤 게 중요했니? 어떤 느낌이었어?" (상대의 욕구와 느낌을 묻고 이해를 돕는다)

··· **예시2.**

"당신이 휴대전화를 쳐다보며 '대충 그런 거야. 피곤해'라고 대답했을 때(사실) 나는 답답하고 맥이 빠지는 느낌이었어(사실에 관한 감정). 내게는 당신과 공유를 바탕으로 한 연결이 중요하거든(감정의 원인인 본질적 욕구). 앞으로 내가 물을 때는 하던 것을 멈추고 나를 바라보면서 말해주면 좋겠어. 아니면 '조금만 쉬고 나서 말해줄게'라고 해주면 좋을 것 같아. 어때?(부탁) 그럼 나는 당신의 상황을 이해하고 기다릴 테고 당신은 좀 더 편히 쉴 수 있을 거야(기대 효과)."

배웠다고 다 되는 것은 아니다

"다 좋은데 너무 도덕 교과서 같은 말이네요. 진짜로 할 수 있을까요?"

사실 일상에서 앞의 예시처럼 표현하기란 쉽지 않다. 이렇게 표현할 때 끝까지 상대가 기다려주는 경우도 많지 않다. 그러나 위의 방법 중 어느 것 하나라도 좋다고 느껴진다면, 하나라도 적용할 수 있는 상황이라면, 충분히 시작할 이유가 된다. 자연스럽게 되기까지는 많은 연습과 시도가 필요하다. 상대가 어떻게 받아들일지 또 나를 어떻게 볼지 걱정하기보다 내 소통 능력이 발전하는 것에 중점을 두는 것이 좋다.

사실 배웠다고 다 되는 것은 아니다. 반복해서 연습하고 경험이 뒷받침된다면 어느새 자연스럽게 적응할 것이다. 즉, 말의 헌 옷을 벗고 새 옷을 입는 날이 반드시 온다. 나 또한 이론은 알았어도 이렇게 말하는 것이 처음부터 자연스럽지는 않았다. 머리로는 알았지만 입으로 나오는 말은 예전과 그리 다르지 않았다. 그래도 '아, 내가 판단의 말로 시작했구나', '화를 표현해야 하는데 그저 감정적으로 화를 냈구나', '부탁에 구체성이 부족했구나' 하고 자각하면서 나 자신을 돌아보기 시작했다. 그리고 그 시작은 내 표현에 브레이크를 걸고 서행하도록 도와주었다.

리플레이, 리플레이, 리플레이

이제 한 단계 더 나아가기 위해 스스로를 되돌아보는 리플레이를 해보자. 먼저 공책을 마련해 최근의 갈등 상황을 좀 더 객관적으로 자세히 적어보자. 내가 한 말을 적고 그것이 내가 아는 것과 얼마나 차이가 있는지 확인한 다음 놓친 부분을 수정해 다시 처음부터 적어보는 것이다. 우리 뇌는 다시 생각하는 것만으로도 간접 경험을 한 듯한 효과를 내므로 상황을 다시 돌려보고 수정해서 적어보면 도움이 많이 된다.

상황이 허락한다면 혹은 그것이 필요하다면 다시 한번 상대와 대화를 시도해보자. 내 경우 처음에는 내 말이 서툴고 오해를 줄 수 있으니 적은 것을 그대로 읽어보겠다며 상대에게 전달하기도 했다. 전달이 어색한 것은 어쩌면 당연한 일이다. 그것을 바라보는 상대의 시선이 곱지만은 않을 수 있다는 것도 당연하다.

여하튼 가장 중요한 것은, 그리고 내 마음을 전달하는 데 큰 힘을 주는 것은 오류 없는 완벽함보다 서툴지만 상대와 관계를 잘 맺으려고 진정으로 노력하는 모습이다. 처음부터 모든 단계를 완성한 대화는 하지 못한다. 우리에게 필요한 것은 '그럼에도 불구하고' 예전과 달라진 내 표현을 지지하면서 지속하는 일이다.

잠시 멈추고 질문하기

1. 평소 내가 불편한 상황을 어떻게 표현하는지 살펴보자. 최근 불편한 상황에서 내가 표현한 것을 적어보자.
2. 윈윈 대화법의 주요 포인트를 바탕으로 내 표현을 수정해보자.
3. 달라진 점을 비교해보고 가능하면 다시 표현해보자.

잘 거절하는 법

살아가다 보면 의외로 거절해야 하는 순간을 적지 않게 만난다. 하지만 거절은 참으로 어렵고 불편하다. 거절을 잘하는 사람을 보면 부럽고, 예상과 달리 상대가 거절하면 당혹스러우며, 잘못된 거절로 오해를 불러일으켜 상처를 받기도 하는 등 거절 경험은 대체로 그리 즐겁지 않다. 이제 건강한 거절을 위한 다섯 가지 요소를 살펴보며 거절에 관한 인식을 바꿔보자.

건강한 거절의 다섯 가지 요소

첫 번째, 거절과 거부는 다르다.

사람들에게 거절과 거부의 차이를 물어보면 보통 이런 대답이 돌아온다.

"글쎄요, 거부가 거절보다 더 강한 느낌이에요."

"거절은 내가 싫다고 선택할 수 있고, 거부는 내가 선택할 수 있는 게 아닌 것 같아요."

당신은 거절과 거부의 차이를 알고 있는가? 이 부분만 명확히 이해해도 거절에 따른 심리적 부담이 절반은 줄어든다. 결론부터 말하면 거절은 상황, 거부는 존재에 관한 것이다. 예를 들어 누군가가 당신에게 함께 커피를 마시자는 제안을 했다고 해보자. 이때 만약 함께 커피를 마시고 싶지만 상황이 여의치 않다면 그것은 거절이다. 이와 달리 커피는 물론 다른 어떤 것도 그 사람과 함께하고 싶지 않다면 이는 그 사람 존재 자체를 거부하는 것이다. 그러므로 만약 거절이면 마음의 부담을 느낄 필요가 없다. 상황이 여의치 않은데 마치 죄인이라도 되는 양 부담스러워할 필요없다는 얘기다. 문제는 상황이 여의치 않아 거절하는 것뿐인데 심리적 부담을 안고 적절히 거절하지 못하는 데 있다.

한번은 한 참석자의 손톱 색상이 눈에 띄어 예쁘다고 칭찬했더니 의외의 반응이 돌아왔다.

"원장님은 이 색이 예뻐요?"

못마땅한 표정에 나는 적지 않게 당황했다.

"아, 원하던 색이 아니었나 봐요. 내가 보기엔 예쁜데요. 마음에 들지 않으면 다른 색으로 해달라고 하지 그랬어요."

"제가 그 네일숍을 2년째 다니고 있는데 오늘따라 사장님이 예쁘다며 굳이 초록색을 권하더라고요. 그걸 거절하면 사장님이 무안해할까 봐 차마 못했어요."

어떤가? 그녀가 해야 할 것은 초록색이라는 상황 거절이지 초록색을 제안한 사장을 거부하는 게 아니다. 불필요하게 상황을 넘어 존재까지 범위를 넓혀 고려했고 그 부담감을 이겨내지 못해 거절하지 못했다.

두 번째, 내 욕구에 'Yes' 하기.

흔히 거절은 부정, 즉 'No'라고 생각해 부담을 느낀다. 그러나 이것은 누구를 중심에 두고 보느냐에 따라 달라질 수 있다. 거절은 제안자를 중심에 둔 'No'가 아니라 응답자인 나를 중심에 두고 내가 원하는 것에 'Yes' 하는 것이라고 생각해야 한다.

가령 앞의 예시처럼 함께 커피를 마시자는 제안을 받았을 때 내가 원하는 게 일찍 쉬는 것이라면 커피타임에는 No지만 내가 원하는 쉼에는 Yes가 된다. 손톱 관리도 마찬가지다. 내게 특별히 원하는 색이 있을 경우 사장이 제안한 초록색에는 No지만 내가 원하는 색에는 Yes다.

No를 '부정'으로 인식하면 그 표현에 부담이 느껴지므로 '거절은 내가 원하는 것에 Yes를 하는 것'이라는 긍정 신호를 보내야 한다. 그래야 상대의 제안을 좀 더 가볍게 거절할 수 있다.

세 번째, "고맙지만 플랜 B는 어때요?"

No를 좀 더 Yes에 가깝게 표현하는 스킬은 없을까? 너무 직접적으로 No를 표현하는 바람에 오해를 사는 경우가 많다. 이때 필요한 것이 'Thank you But + 플랜 B' 화법이다. 이는 단순한 부정이 아니라 상대의 의견을 받아들여 마음을 열게 한 뒤 내 말을 좀 더 유연하게 받아들이도록 하는 방식이다. 이 경우 역접 접속사로 앞의 상황과 반대가 되리라는 암시를 주어 쉽고 빠르게 이해하도록 하며 플랜 B를 함께 제안해 거부라고 여길 확률을 줄여준다.

만약 쉬고 싶은데 커피를 마시자는 제안을 받았다면 "함께 가자고 말해줘서 **고마워요**(Thank you). **하지만**(But) 오늘은 제가 피곤해서 쉬고 싶은데 **혹시 내일은 어때요?**(플랜 B)"와 같이 표현하는 것이다.

단순히 상황에 따라 No만 할 경우 때론 '거부'로 받아들일 수 있다. 가령 소개팅을 한 사람에게 애프터 신청이 왔을 때 상황이 여의치 않아 "좋은데 제가 그날 일정이 있어요"라고만 하면 상대는 자신을 거부하는 것으로 받아들일 수 있다. 반면 "좋은데 제가 그날 일정이 있어요. 그다음 주는 어때요?"라고 하면 상대가 현재 제안한 것에는 비록 No 했어도 곡해하지 않고 Yes로 받아들인다.

네 번째, 욕구가 명확하지 않으면 거절이 어렵다.

자신이 원하는 게 명확할수록 거절이 수월하다. 거절은 바꿔 말하면 자신의 욕구에 Yes를 하는 것인데 욕구가 없으면 제안하는 상황을 떠밀리듯 받아들이면서 속으로 거절하지 못하는 자신을 한심해한다. 그리고 동시에 강요한 상대를 원망하고 만다.

나는 초록색 손톱 관리를 받아들인 참석자에게 물었다.

"그럼 선생님은 무슨 색을 선택하고 싶었는데요?"

"글쎄요. 그날따라 딱히 하고 싶은 색이 없더라고요."

만약 원하는 색깔이 있었다면 제안을 하며 거절하기가 수월했을 것이다.

다섯 번째, 과도한 의식이나 프레임 안에 갇히지 않는다.

한번은 정년퇴임을 앞둔 한 연구기관의 행정팀 팀장이 내 강의에 참석했다. 거절하지 못해 힘들다고 했는데 순간 나는 이해가 가지 않았다. 팀장에다 정년퇴임이 가까운데 팀원에게 말하는 것이 뭐가 그리 힘들까 싶었기 때문이다.

"무엇을 거절하는 게 그리 힘든가요?"

"요즘엔 점심을 먹으면 으레 커피를 한잔하잖아요. 근데 학교 밥값이랑 밖에서 파는 커피값이 거의 맞먹거든요. 그래서 점심 때가 다가오면 고민부터 한 적이 한두 번이 아닙니다. 어떻게 매번 제가 커피를 사줍니까!"

"왜 매번 커피를 사야 하나요?"

"제가 팀장이잖아요."

사실 어느 누구도 그에게 팀장이니 커피를 사야 한다고 강요하지 않았다. 이는 그저 스스로 만든 리더라는 프레임 혹은 좋은 팀장이라는 과도한 의식이 낳은 결과다. 의외로 우리는 꼬리표 같은 내 프레임이나 자기 이미지를 과도하게 의식해 거절하지 못하는 경우가 많다. 가령 '내가 장남이니까', '내가 아내니까', '내가 부장이니까' 하는 식이다. 실은 누구도 일방적으로 강요하지 않는다. 어쩌면 그런 강요는 자신에게 스스로 하고 있는지도 모른다.

퇴근 후 시간에 쫓기며 저녁상을 차렸는데 딸이 오늘은 샌드위치를 먹고 싶다고 한다면? 물론 샌드위치를 만들어줄 여력이 충분하다면 괜찮겠지만 현실적으로 쉽지가 않다. 이럴 땐 어떻게 하는 것이 좋을까?

"우리 딸이 오늘은 샌드위치를 먹고 싶은 모양이네. 그런데 엄마가 오늘 이미 저녁을 준비했는데 내일 만들어주면 어떨까?"

이렇게 얘기해도 엄마 역할을 충분히 할 수 있다. 실제로 한 참석자가 이런 일을 겪었는데 안타깝게도 '워킹맘'이라는 자신의 프레임에 갇혀 피곤한 몸을 이끌고 샌드위치를 만들었고 순간 딸이 너무 이기적인 것 같아 미웠다고 말했다.

내 친구 중 한 명은 거절하면 상대가 싫어할까 봐 남자 친구의 제안에 무엇이든 좋다고 하는 것이 너무 힘들다고 했다. 거절을 해봤냐고 묻자 그 친구는 "아니"라고 대답했다. '상대가 싫어할까 봐' 혹은 '싫어하면 어쩌지?' 하고 혼자 상상할 필요는 없다. 회사에서 부탁을 거절하지 못한다는 한 참석자 역시 그 이유를 묻는 질문에 "단지 상황이 여의치 않은 건데 사람들이 내가 그걸 무능력해서 못한다고 생각할까 봐"라는 대답을 했다.

물론 거절을 좋아할 사람은 없다. 그래도 일단 해보자. 마냥 'Yes'를 해서 지속하는 관계가 과연 옳은지 생각해봐야 한다. 이런 관계에서는 한쪽이 희생한다. 거절을 건강하게 받아들이고 그것을 조율로 이어가야 관계가 더 편해지고 깊어진다.

좀 더 정확히는 거절하라고 하기보다 자기표현을 하라고 말하고 싶다. 너무 거절하지 못하면 심지어 자기표현 의사가 없는 것으로 받아들여지기도 한다.

가족 단톡방을 만들어 대화하는 어느 가정에서 있었던 일이다. 일주일에 한 번 있는 외식에서 엄마는 늘 "너희들이 좋아하는 것으로 먹자"거나 다른 가족의 제안에 맞추느라 "그러지 뭐"라고 말했다. 그러던 어느 순간 가족이 자신의 의견을 아예 묻지도 않는 것을 알아차리고는 서운함이 밀려와 한마디했다.

"엄마는 뭐가 먹고 싶은지 묻지도 않니?"

그때 가족이 오히려 의아해하며 말했다.

"엄마는 특별히 좋아하는 것이 없잖아요. 어차피 물어보면 다 좋다고 늘 말씀하셨잖아요."

직장에서도 좋은 의도로 혹은 거절이 어려워 받아주면 그것이 한 번으로 끝나지 않는다. 어느새 당연히 받아주는 사람이 되어 있고 혹여나 의사를 표현하면 "갑자기 왜 그래?" 하거나 "사람이 변했네"라고 말한다.

거절은 잘 주고받아야 한다

거절은 잘하는 것도 중요하지만 반대로 거절을 가볍게 받아들일 줄도 알아야 한다. 하지만 플랜 B 없이 반복되는 거절이라면 상대의 본질적 욕구를 확인해볼 필요가 있다.

나는 가끔 이런 고민을 듣는다.

"원장님, 저는 분명 거절을 했는데 상대가 거부로 받아들이는 것 같아요. 어떻게 하죠?"

당신은 어떻게 생각하는가? 상대의 영역까지 통제할 수는 없다. 상대의 입장을 고려해 정중하게 거절을 표현하는 것이 나의 영역이고 그 나머지는 상대의 몫이다. 내가 최선을 다했어도 상대가 거부로 받아들였다면 그것은 내가 어찌할 수 있는 영역은 아니다. 이럴 때는 그저 기다려주는 것이 최선이다.

거절을 잘하기 위한 팁

첫 번째, 작은 것부터 거절할 줄 알아야 한다.

우리는 작은 것을 등한시하는 경향이 있다. 특히 거절 문제라면 불편함을 최대한 피하고 싶어서 '작은 건데 뭐…' 이런 마음으로 작은 부탁들을 거절하지 못하고 받아들인다. 그러나 작은 것을 거절하지 못하면 정말 중요한 문제도 거절하지 못한다.

한번은 미팅을 위해 방문한 업체에서 한 직원이 새로운 커피머신을 들여놓았다며 이렇게 말했다.

"원장님, 이번에 좋은 커피머신을 들여놓았어요. 제가 맛있게 한 잔 내려드릴게요."

나는 위가 약한 편이라 커피를 한 잔 이상 마시면 살짝 이상 징후가 나타난다. 더구나 그날은 위장 컨디션이 별로였고 피곤한 몸을 달래기 위해 이미 커피를 한 잔 마신 터라 더는 마시지 않아야 했다. 그 순간 나는 '에이, 커피 한 잔인데 뭐. 이걸 마신다고 큰일이야 있겠어?'라고 생각했다. 물론 커피 한 잔으로 큰일이 나지는 않는다. 문제는 작은 것을 거절하지 못하면 정말로 거절해야 할 일도 하지 못할 확률이 높고, 어쩌다 한 거절이 상대를 당황스럽거나 불편하게 만들 수도 있다는 점이다.

두 번째, 거절 표현일수록 마음을 다하되 표현은 담백하게 한다.

커피를 마실 수 없는 상황이면 "커피머신 좋네요. 안타깝다. 제가 이미 한 잔을 마셨어요. 다음에 꼭 마실게요" 정도가 좋다. 혹 "죄송해요. 실은 제가 위가 약해 커피를 많이 마시면 손이 떨리거든요"라고 하면 사과를 받으려고 한 말이 아닌데 느닷없이 사과를 받은 상대는 오히려 무안하고 미안해질 것이다.

특히 잘 거절하지 못하는 사람은 정말 거절해야 한다는 생각이 드는 순간 갑자기 심각해지거나 무거워지는 경향이 있다. 그러다 보니 구구절절 표현하거나 표현에 무게가 실리는데 이때 상대는 "아니, 뭐 그냥 안 된다고 하면 되지. 사람을 무안하게 하네"라며 의도치 않은 오해를 하거나 상처를 받는다.

세 번째, 상대의 제안에 즉답해야 한다는 부담을 버린다.

즉시 답해야 한다는 심리는 나를 압박하고 그런 압박을 받으면 우리는 선택을 잘하지 못한다. 내게 선택의 공간, 즉 시간적 여유가 있어야 거절하지 못해 수용하더라도 내가 선택했음을 명확하게 인지

할 수 있기 때문에 마음의 반응과 행동이 달라진다. 상대의 제안에 감사 표시를 하면서 선택할 시간에 대해 양해를 구하는 것이 좋다.

잠시 멈추고 질문하기

1. 내가 거절을 잘하는 편이라면 그것이 건강한 거절인지 생각해보자.
2. 내가 거절을 못하는 편이라면 어떤 이유 때문인지 찾아보자.

갈등 상황을 잘 지나가려면

셋째 아이를 출산하고 불어난 살이 빠지지 않아 고생 중이던 한 여성은 남편이 던진 말 한마디에 큰 상처를 입었다.

"원장님, 이 남자와 도저히 같이 살 수 없을 것 같아요. 어떻게 제게 그런 말을 할 수 있는지 모르겠어요. 그렇지 않아도 제가 살이 빠지지 않아 우울해하고 있는데 오랜만에 만난 친구 모임에서 제가 좀 과하게 먹는다고 사람들 앞에서 그만 먹으라고 하다니요."

이야기를 듣고 보니 무척 속상할 만했다. '칭찬은 사람들 앞에서, 지적은 개인적으로'라는 말도 있는데 왜 하필 사람들 앞에서 그랬을까. 갈등 상황을 잘 지나가려면 비난의 말을 내뱉기 전에 반드시 생각해야 할 것이 있다.

말의 본뜻을 헤아리기

우리는 의도한 대로 표현하고 그것을 상대에게 온전히 전달해 이해를 받아내는 데 어려움을 겪는다. 생각하지 못했던 여러 변수도 방해를 일삼고 의도치 않게 형성된 습관이나 그동안 형성해온 관계도 영향을 미친다. 그러므로 우리는 항상 기억해야 한다. 표현과 의도가 일치하지 않을 수 있다는 것을 말이다. 상대가 표현한 결과만 보지 않고 그 의도를 함께 고려해야 본뜻을 잘 전달받을 수 있다. 상대의 표현 앞뒤에는 표현하지 못한 여러 의미가 포함되어 있기 마련이다. 이 참석자의 경우도 다시 생각해볼 필요가 있다.

평소 아내는 출산 후 살이 빠지지 않아 외모뿐 아니라 건강상의 문제에도 경고등이 켜진 상태였다. 남편은 이를 잘 알았기에 그가 표현한 '그만 먹으라'는 말에는 '당신의 건강이 걱정스럽다', '나는 당신의 상황을 함께 해결해야 하는 가족이다', '더 힘들어질 수 있으니 조심해야 한다' 등 숨은 의도가 있었다.

물론 남편이 아내를 좀 더 배려하는 말로 표현했다면 좋았을 테지만, 상대의 표현은 내 몫이 아니다. 그 메시지를 어떻게 받을지가 내 몫이다. 만약 평소 관계를 잘 맺지 못했다면 상대의 의도와 전혀 다르게 내 감정을 더해 그릇된 해석을 할 확률이 높기에 표현한 말과 그 순간에만 집중하는 것이 필요하다. 그리고 이때는 비난이 아닌 관찰로 시작하는 말하기를 적용해 상대에게 의도가 무엇인지 먼저 물어보는 것도 좋다.

과거의 잘잘못을 따지기보단 미래를 위한 대화로

비난할 때는 주로 생각이 과거에 머물러 있다. 가령 '그때 왜 그랬어?', '어쩌면 그럴 수 있어'라고 이미 일어나 수정할 수 없는 상황에 더 초점을 맞추고 생각과 대화를 이어간다. 더구나 현재의 사건만이 아닌 과거의 모든 것을 종합해서 현재에 적용하면 아무리 노력해도 소통을 이끌어내기 어렵다.

만약 정말 이유를 알아야 한다면 '그때 왜 그랬어?'라고 물을 수 있지만 질문의 의도가 오직 이유를 알고 싶은 데 있다는 것을 잘 전달해야 한다. 이유를 충분히 예측할 수 있는 경우에 이러한 질문을 던지는 것은 상대에게 말싸움을 거는 것처럼 들리기 쉬우니 삼가하는 것이 좋다. 그리고 대화는 수정을 목적으로 '앞으로는 당신이 이런 순간에 이렇게 했으면 좋겠어'라고 미래에 초점을 두는 것이 좋다.

나도 원인을 제공한다

갈등이 생기면 대개 잘못의 원인이 전부 상대에게 있다고 여긴다.

사실 100퍼센트 상대의 잘못인 상황은 그리 많지 않다. 극단적인 예외 상황이 아니라면 갈등의 원인은 공동 제공이다.

앞서 그만 먹으라는 말을 들은 아내 역시 자신의 건강상태를 잘 알면서도 이를 고려하지 않고 음식을 과하게 먹은 것이 시발점이다. 상처를 받으면 충격이 크다 보니 문제의 진짜 원인이 어디에서 비롯되었는지를 생각하지 않는 경우가 많다. 갈등의 원인을 제공한 나 역시 어떤 면에서는 잘못이 있음을 인정할 때 갈등을 해결할 가능성이 훨씬 높아진다.

입장을 바꿔 생각해보면 어떨까? 만약 남편이 같은 상황인데 조절하지 못하고 마구 음식을 먹는다면 나는 어떻게 할까? 물론 이런 질문을 하면 "저는 그러지 않을 거예요"라고 확신에 찬 대답을 할지도 모르지만 막상 같은 상황에 놓이면 걱정스런 마음이 강할수록, 그 일을 중요하게 생각할수록 강한 표현을 하기 마련이다.

사과에 필요한 세 가지 요소

갈등 상황을 잘 지나가기 위해서는 '사과하는 법'도 배워두어야 한다. 사과에는 세 가지 요소가 필요하다. 진실한 마음을 전하는 시작, 각자의 타이밍을 존중하는 기다림, 그리고 상처의 깊이가 다름을 인정하고 상대가 사과의 정도를 결정하도록 하는 것이다.

첫째, 사과는 진심으로 한다.

심리학자 마셜 로젠버그는 샌프란시스코의 한 버스터미널 대기실에서 버스를 기다리다 한 광경을 목격한다. 나이 든 이주노동자 한 사람이 오렌지 하나를 무릎에 올려놓고 있었다. 그것을 건너편에서 한 아이가 쳐다보고 있었다. 아이의 눈길을 의식한 그는 아이의 엄마에게 오렌지를 주어도 괜찮을지 물었다. 엄마는 미소를 지었고, 그 이주노동자는 오렌지를 두 손으로 받쳐 들고는 입을 맞춘 다음 아이에게 오렌지를 건넸다. 그 이유가 궁금했던 마셜은 "아이에게 주기 전에 오렌지에 입을 맞추는 모습이 생경해서요. 어떤 종교의식인가요?"라고 물었다. 그는 이렇게 답했다.

"내가 65년을 살아오며 배운 것이 한 가지 있다면, 그건 가슴에서 우러나올 때에만 주라는 것입니다."

작은 오렌지 하나에도 진심을 담아 건넨 이야기를 들으며 나는 누군가에게 마음을 줄 때 진심을 다하는 것이 중요하다는 것을 깨달았다. 갈등 상황에서는 더욱더 그렇다. 만약 사과할 때 진심을 다하는 게 아니라 단지 불편해서, 그래야 내가 이득이라서, 더 이상의 대화를 피하기 위해서 등의 이유로 메시지를 전하면 상대는 그 메시지에 진심의 사과가 없다는 것을 금세 눈치챈다.

갈등을 잘 풀려면 마음을 다해 사과해야 한다. 만약 그 사과가 진심이 아닌 그저 상황에 따른 것이라면 잠시라도 다시 한번 마음을 확인해보는 것이 좋다. 왜냐하면 그렇게 전하는 사과는 결국 서로에게 그다지 이로울 것 없는 상황으로 다시 나타나기 때문이다.

둘째, 사과는 기다림이다.

기다려주는 것은 사과하는 것만큼이나 중요한 일이다. 우리에게는 각자의 타이밍이 있고 상처를 받은 쪽은 상처를 준 쪽보다 훨씬 긴 시간이 필요하다. 상처의 깊이가 각각 다르기 때문이다. 사과한다고 상대의 타이밍과 일치하는 것은 결코 아니다. 내 사과가 진심이라면 상대의 타이밍을 기다려주는 진심까지 더해져야 한다. 그래야 '왜 내가 사과하는데 받아주지 않느냐', '누구를 위해 사과하는 거냐'는 식의 또 다른 갈등을 피할 수 있다.

이때의 기다림은 방치가 아닌 방목이어야 한다. 방치와 방목은 다르다. '나는 사과했으니 이제 네가 알아서 해'처럼 나 몰라라식 사과는 상대에게 기다림의 자유를 주는 게 아니다. 상대는 방치되었다고 느끼게 되고 이는 상대에게 또 다른 불안과 공격 요소를 안겨준다.

여기서 말하는 기다림은 '이 자리에서 내가 당신을 기다리고 있으니 마음이 동하면 언제든 내게 와주세요'라는 안정된 울타리에서 상대에게 선택할 공간을 주는 것을 말한다. 이럴 때 상대는 상황을 다시 안정감 있게 돌아볼 수 있기 때문에 긍정을 선택할 확률이 높아진다.

셋째, 사과를 그만해도 좋다는 판단은 상대의 몫이다.

우리가 흔히 범하는 오류 중 하나가 '이만큼 사과했으니 이제 된 것 아냐?'라며 사과의 정도를 스스로 결정하는 일이다.

각자의 경험을 한번 돌아보자. 내가 사과하면서 '이 정도면 충분해'라고 생각하는 시점에 상대도 '그래, 이만하면 충분해' 하고 동의하며 받아들인 경우가 얼마나 있었나? 설령 동의할지라도 상대는 앞으로의 관계를 위해 어쩔 수 없이 받아들였거나 혹은 선심 쓰듯 그냥 받아들이는 경우가 많다.

한번은 TV를 보는데 한 프로그램의 패널로 나온 사람이 이런 말을 했다.

"야, 사과를 받는 사람 맘대로 해야지, 사과하는 사람 맘대로 하면 그게 사과야?"

상처를 준 입장과 받은 입장에는 분명 깊은 차이가 있기에 사과하는 입장에서 충분하다 생각할지라도 받는 입장에서는 그렇지 못할 수 있다. 그런데 대개는 상처를 준 사람이 사과하면서 '이 정도면 되겠지' 하고 결정을 내린다. 심지어 '뭘 얼마만큼 사과해야 한다는 거야!', '내가 대체 뭘 그렇게 잘못했다는 거야!' 하고 화를 내다가 사과를 하지 않은 것만 못한 상황이 되어버리기도 한다.

사과할 때는 사과의 정도를 상대의 마음에 맡기겠다는 자세를 보여야 한다. 때론 지나치게 사과를 요구한다는 생각이 들더라도 진심을 다하고 타이밍과 깊이가 다름을 이해해 방목 같은 기다림으로 상대가 받아들이는 시점까지 애쓰는 것이 중요하다.

이제 막 관계를 시작하는 연인에게 감히 내가 하고 싶은 말은 꼭 갈등을 경험해보라는 것이다. 나는 갈등을 그저 나쁜 것으로만 보고 피하고 피하다 화산이 터지듯 급격하게 관계가 악화되어 결국 아픈 경험을 겪어보았기에 절실함으로 권한다. 아이가 자랄 때 성장통을 겪듯 어른인 우리도 갈등의 아픔을 잘 경험하면 성장할 수 있다. 잘 싸우고, 진심으로 사과하며, 함께 조율하는 과정에서 소통은 절대 빠질 수 없다. 빛이 밝은 이유는 어둠이 있기에 그렇듯 소통이 빛나는 이유는 역설적으로 갈등이라는 상황이 있기 때문이다. 이제 더 이상 갈등이 두려워 막연히 피하거나 공격하지 말자. 자신감 있게 그 상황을 직면하고 정면으로 지나가보자.

잠시 멈추고 질문하기

사과를 하고도 오히려 갈등이 생겼던 경험을 떠올려보자. 앞에서 배운 '사과에 필요한 세 가지 요소' 중 어떤 부분을 적용하면 좋았을까.

자신감 있게 말하는 방법

마지막으로 자신감 있게 말하는 방법에 대해 몇 가지 팁을 전하고자 한다. 자신감 있게 말하기가 어떤 것일지 묻자 너무 쉽다고 대답한 한 참석자가 이렇게 설명했다.

"저는 상대가 누구든 할 말은 합니다. 눈치를 보지 않아요. 상대가 뭐라 하든 상관없습니다."

반대로 자신감 있게 말하기가 어렵다는 사람에게 그 이유를 물어보자 이런 대답이 나왔다.

"상대가 어떻게 생각할지 걱정스러워서요."

"제가 틀렸을 수도 있어서요."

"그냥 두려워서요."

자신감 있게 말하기란 '눈치 보지 않고 거침없이 할 말을 하는 것'일까? 포인트가 완전히 다르다. 자신감 있게 말하기란, 자기 의견을 두려움 없이 고요하지만 단호하게calmly but firmly 말하는 것을 뜻한다. '두려움'을 빼는 것이 핵심이다. 말하기에 두려움을 안겨주는 요소에는 무엇이 있을까?

과도한 의식과 두려움은 허상에 불과하다

'나를 너무 세게 보는 것이 아닐까?', '좋아하지 않을 거야', '믿지 않을 거야', '동의하지 않을 거야' 등 타인의 생각까지 내 영역에 두고 미리 점치려 하거나 아직 일어나지 않은 것을 자기 마음대로 예측하면 말하기에 앞서 너무 많은 것을 고려해야 한다.

사실 사람들은 내게 그다지 관심이 없다. 내 의견을 말할 때는 내가 고려할 수 있고 통제 가능한 영역에서만 힘을 써야 한다. 그다음은 주어지는 상황에 따라 반응하면 그만이다.

완벽 추구는 독과 같다

완벽하고 싶어서 '틀리면 어쩌지?', '모른다는 게 들통나면 어쩌지?', '실수하면 어쩌지?' 하고 걱정하는 것은 모든 것에 브레이크를 건다. 완벽이라는 불가능의 경지를 목표로 둘 경우 남는 것은 두려움뿐이다. 틀리면 어떤가. 수정하면 된다. 잘 모를 수도 있다. 그저 배우면 그만이다.

말하기의 목적은 완벽을 인정받고 뽐내는 것이 아니라 나를 표현하는 데 있다. 그렇기에 그 과정에서 일어나는 모든 것은 받아들여지고 또 수정이 가능하며 수정하면 된다.

모두가 '나'를 좋아할 수는 없다

의견이 서로 다른 것은 당연하며 그에 따른 갈등은 문제가 아니라 자연스러운 현상이다. 때로 우리는 상대와 다른 의견을 내기도 하고 예상치 못한 피드백을 받기도 한다. 모두가 내 의견에 동의해주고 좋은 피드백만 받고 싶어 하면 다른 사람 앞에서 말하는 것이 상상 이상으로 어렵고 두려워진다. 신에게도 '안티'가 있다는데 어찌 모든 사람이 나를 좋아해주길 바라겠는가. 모든 사람이 나를 좋아할 수도 없고, 좋아해줄 필요도 없다.

비난하지 않는 '나 전달법'으로 대화한다

자신 있게 말하는 사람은 적대감을 불러일으키지 않고 자기 말을 전달한다. 대개 '나 전달법'(내가 원하는 것은 무엇이고, 내 생각은 무엇이며, 내가 느낀 감정은 무엇이다)으로 자신의 입장과 의견을 말한다. 불통은 주로 내 입장에서 판단해 상대를 비난하듯 말할 때 발생한다. 예를 들면 '당신이 그렇게 화를 내니까', '당신이 그런 식으로 말하는 것은'이라는 표현보다 '내 느낌은 이러한데', '내가 원하는 방식은 이러한데'로 표현해야 비난하지 않으면서 내 말을 할 수 있다.

인정하면 인정받는다

먼저 인정하면 인정받게 마련이다. 표현할 때 내 주장만 하기보다 상대의 의견을 인정해 상대가 마음을 여는 모습을 보고 안정감을 얻으면 내 입장을 말하기가 수월하다. 가령 '당신의 의견도 좋습니다. 그리고 제 의견은 이것입니다', '그 부분도 생각해볼 만합니다. 그리고 제 제안은 이렇습니다' 하는 식이다.

'알아간다'는 열린 자세로 대화한다

반드시 결론을 내야 한다거나 동의를 받아야 한다고 마음먹으면 누군가는 포기해야 한다. 그리고 대화는 상대의 잘못을 지적하고 비난하는 쪽으로 흘러갈 수밖에 없다. 소통이란 결론을 도출하는 수단이기도 하지만 그 과정에서 상대를 알아가는 것이기도 하다. 이런 생각을 중심에 두어야 자신감을 갖고 표현할 수 있다.

말하기가 일상이 되어야 한다

말하기를 일상이 아닌 어떤 특별한 것으로 인식하면 어려울 수밖에 없고 긴장하게 된다. 평소 자신의 의견이나 생각을 자주 말해보자. '반복하는 것' 이상의 방법은 없다. 반복으로 표현하는 것에 익숙해지고 수정을 거듭할 때 우리는 상대를 존중하면서 더욱 자신감 있게 말할 수 있다.

잠시 멈추고 질문하기

1. 내게 자신감 있게 말하기란 무얼까?

2. 만약 내가 자신감 있게 말하지 못한다면 무슨 이유 때문인지 알아보자.

우리는 의식적으로 선택을 하고 있는가 아니면 무의식적 습관에 따라 행동하고 있는가. '생산과 창출이 중요한 자본주의 시대에서 가시적인 결과가 없는 소통을 굳이 배워야 할까?'라는 의문에 대한 중요한 답이다. 당신은 선택하며 살고 있는가 아니면 그저 습관에 따라 이끌리듯 살아가는가.

소통은 타인과 관계를 맺는 과정에서 혼자였다면 모르고 지나쳤을 법한 진정한 나를 알게 해준다. 결혼이 힘든 이유가 결혼을 통해서 보고 싶지 않은 자신의 모습을 직면하기 때문이라고 하듯 우리는 관계를 통해 나를 알아간다. 그렇기에 관계 맺음으로 시작하는 소통은 더욱 중요하다. 그 속에 숨어 있는 요소들을 짚어가며 알아갈 때 비로소 우리는 내 삶의 '선택'이라는 것을 할 수 있게 된다.

인간은 온 지구와 우주를 탐험하지만 인간이 탐험하지 않고 내버려두는 유일한 곳은 자신의 내면세계라고 한다. 진정한 보물은 그곳에 있다. 내 안에 숨겨지거나 버려져 있는 보물창고를 이제는 용기 있게 하나씩 열어보기를 바란다.

마음은 따뜻하게, 행동은 치열하게!

"내 삶은 때론 불행했고, 때론 행복했습니다.

삶이 한낱 꿈에 불과하다지만, 그럼에도 살아서 좋았습니다.

새벽에 쨍한 차가운 공기,

꽃이 피기 전 부는 달큰한 바람,

해 질 무렵 우러나는 노을의 냄새,

어느 하루 눈부시지 않은 날이 없었습니다.

지금 삶이 힘든 당신.

이 세상에 태어난 이상,

당신은 이 모든 걸 매일 누릴 자격이 있습니다.

대단하지 않은 하루가 지나고 또 별거 아닌 하루가 온다 해도,

인생은 살 가치가 있습니다.

후회만 가득한 과거와 불안하기만 한 미래 때문에

지금을 망치지 마세요. 오늘을 살아가세요.

눈이 부시게, 당신은 그럴 자격이 있습니다.

드라마 〈눈이 부시게〉 중에서

잘 살기 위해 잘 살지 못하는 것은 아닌가

한번은 회사 사보에서 이런 문구를 보고 나는 큰 충격을 받았다.

"잘 살기 위해 잘못 살고 있는 것은 아닌가."

모두가 잘 살기 위해 밤낮으로 시간과 마음을 쓰는데 그것이 오히려 잘못 사는 길은 아닌가 하는 말에 나는 가슴이 요동쳤다. 다른 사람들의 반응이 궁금해 회사 포털사이트에 이 문구를 올렸다. 반응은 뜨거웠다. 다들 나처럼 적지 않은 충격을 받은 모양이었다.

과연 잘 사는 것은 무얼까? 대답은 사람마다 다르겠지만 분명한 것은 사이가 좋지 않으면서 잘 산다고 할 사람은 없을 것이다. 내 강의를 들으러 오는 많은 참석자들이 커다란 공허함을 호소하며 마음을 털어놓곤 한다.

"해야 하는 것을 열심히 하면서 살아왔고 또 그렇게 살면 되는 줄 알았는데 이제 해야 하는 것이 사라지니 주변엔 아무도 없고 더구나 내가 누군지, 무엇을 좋아하는지조차 모르겠습니다."

어느 정도 생을 살아온 이들만 삶의 공허함을 느끼는 것은 아니다. 젊은 친구들에게도 비슷한 이야기를 자주 듣는다.

"내 생각을 말하고 내게 중요한 것을 표현하면 사람들이 이기적이라고 하거나 말이 통하지 않는다고 해요. 그러다 보니 그냥 혼자 있는 것이 편한데 어쩔 땐 내게 문제가 있나 싶을 때도 있어요. 하고 싶은 것이 점점 사라지고 자신감이 떨어져만 가요."

우리에게는 관계 속에서 자신을 발견하고 이로써 삶의 의미를 찾는 것이 중요하다. 그러므로 '나를 표현하고 관계를 맺는 방법'을 알아가는 것은 어려움을 겪거나 문제가 있어서라기보다 나 자신을 이해하기 위한, 나를 적극 알고 관계 속에서 나를 보호하며 좀 더 나은 삶을 살기 위한 필수 과정이다.

내가 그랬던 것처럼 강의 참석자들에게 "학교에서도 이런 교육이 필요해요", "정작 필요한 것을 배우지 못해 답답했어요", "어른이라고 다 아는 것은 아닌데 그래도 이 과정 덕분에 무게감을 덜었어요"라는 말을 들으면 나는 뜨거운 보람과 함께 절실한 안타까움을 느낀다. 물론 성과도 중요하다. 그러나 성과는 또 다른 목표를 세우게 하고, 마냥 그것만을 향하는 삶은 결국 끊임없는 목마름과 피폐함을 경험하게 된다. 이뤄내는 삶도 중요하지만 우리는 살아가는 삶의 의미도 진정 깨달아야 한다.

얼마 전 한 TV프로그램에 가수가 나와 이런 인터뷰를 했다.

"제가 진짜 열심히 살았다고 생각했는데 열심히 한 건 일밖에 없구나 싶었어요. 열심히 '살았다'고 할 수 있나? 왜냐하면 일이 삶의 전부는 아니잖아요. 그런데 일만 하느라고 다른 거는 남들보다 열심히 못했구나 싶어요."

그러면서 과연 무엇이 건강한 '열심'인지 고민하기 시작했다며 일과 삶의 균형을 잡아 건강하게 살아가고 싶다고 말했다. 우리에게는 그저 견디고 지나가는 것이 아닌 균형 속에서 함께 즐기며 느끼는 삶이 필요하다. 그리고 그 중심에는 너와 내가 맺는 긍정적 관계가 있어야 한다.

배우고, 실패하고, 그럼에도 한 걸음 더

물론 이 책을 읽는다고 모든 것을 해결할 수는 없다. 어두웠던 삶이 갑자기 반짝반짝 빛이 나지도 않는다. 중요한 것은 내가 알고 선택해서 얻는 결과와 그저 상대에게 이끌려서 얻는 결과는 내 삶에 다른 영향을 준다는 점이다. 배운다고 다 그대로 표현하지는 못한다. 상황이나 사람과의 관계에 따라 표현하지 못할 때도 있다. 설령 그럴지라도 내 마음을 알아차리고 내가 선택해서 표현하지 않는 것이라면 괜찮다. 어디까지나 내가 중심이 되어 선택하는 삶을 살아야 한다. 이를 위해 우리는 알아야 하고 또 배워야 한다.

벼룩은 자기 몸 크기의 약 60배나 높이 뛸 수 있다고 한다. 그런

벼룩을 10센티미터 높이의 컵 안에 가둬놓으면 어떻게 될까? 자신의 역량만큼 뛰던 벼룩은 컵에 부딪히면서 자신이 아프지 않을 만큼의 높이를 찾는다. 이후 컵을 치우면 어떻게 될까? 벼룩은 더 이상 자신의 역량인 몸의 60배 높이로 뛰지 않는다. 익숙해진 10센티미터 안쪽의 높이만큼만 뛸 뿐이다. 우리 마음도 처음엔 좋은 의도와 선한 영향력, 열정적인 의지로 가득하지 않았을까? 그러다가 점차 이런저런 삶의 상황에 부딪히며 좀 움츠러들었을지도 모른다. 그렇게 움츠러든 자신을 보면서 '나 원래 이런 사람 아닌데' 하며 자신을 더 힘들게 만들지 말자. 자책할 필요도 없다.

강의를 할 때 내가 내세우는 모토는 이것이다.

"마음은 따뜻하게, 행동은 치열하게."

움츠러들수록 자기 자신에게 그 누구에게도 주지 않은 따뜻한 마음을 주었으면 좋겠다. 움츠러들수록 어색하지만 포기하지 않고 치열하게 행동해봤으면 좋겠다. 다른 누구도 아닌 우리 스스로 자기 삶을 응원하고 지지했으면 좋겠다.

마지막으로 내게 책을 쓸 기회를 준 수오서재, 시간과 경험을 허락해준 김창옥아카데미와 여전히 치열한 삶의 현장에서 나와 함께 해주는 가족, 특히 사랑하는 부모님과 아들 민찬이에게 감사의 마음을 전한다. 그리고 이 책을 선택하신 모든 분께 그 선택이 작지만 한 줄기 빛의 시작이 되길 진심으로 기도한다.

소통 수업

1판 1쇄 발행 2021년 12월 13일
1판 5쇄 발행 2023년 8월 15일

지은이 김수인
발행처 (주)수오서재
발행인 황은희 장건태
책임편집 최민화
편집 마선영 박세연
마케팅 황혜란 안혜인
디자인 양진규
제작 제이오
주소 경기도 파주시 돌곶이길 170-2 (10883)
등록 2018년 10월 4일(제406-2018-000114호)
전화 031)955-9790
팩스 031)946-9796
전자우편 info@suobooks.com
홈페이지 www.suobooks.com
ISBN 979-11-90382-55-7 (03320) 책값은 뒤표지에 있습니다.